¿QUIÉN DECIDE
POR TI
CUANDO DECIDES TÚ?

PEDRO JARA
DOMMCOBB

AGUILAR

Papel certificado por el Forest Stewardship Council®

Primera edición: mayo de 2022

Printed in Spain – Impreso en España

ISBN: 978-84-03-52267-1
Depósito legal: B-5373-2022

Compuesto en MT Color & Diseño, S.L.
Impreso en Unigraf, S. L.
Móstoles (Madrid)

AG 2 2 6 7 1

*Al impulso vital que te ha traído hasta este libro,
a eso más allá de ti que te mueve
y se remueve deseoso de expresarse,
a la vida que eres tú manifestándose,
a todos los personajes que no eres...
Dedicado al ser que hay en ti
que nos leerá libre de pautas
y condicionamientos.*

17 . . . .

85 . . . .

87 . . . .

93 . . . .

11 . . . .

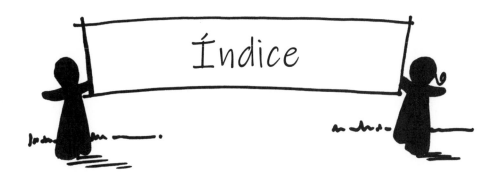

Índice

Prólogos   **9**

Breve apunte   **23**

Capítulo 1: Los ingredientes fundamentales de toda decisión   **25**

Una primera elección: el problema a solucionar
u objetivo a alcanzar   **28**

El abanico de alternativas   **36**

Los criterios de decisión   **42**

La información sobre características, requerimientos
y posibilidades de cada alternativa   **47**

El autoengaño: un riesgo siempre presente   **57**

Rompiendo autoengaños: prepararse para las peores posibilidades   **77**

Capítulo 2: El peligro de dar consejos   **85**

Intenciones y resultados   **87**

Motivos para no ofrecer consejos   **95**

Alternativas a los consejos   **113**

**Capítulo 3: Por tanto, tampoco los recibas:
prohibiciones constructivas** **135**

Motivos por los que
terminamos aceptando
los consejos **137**

Las tres prohibiciones
constructivas **144**

El círculo vicioso de la falsa seguridad **167**

Subterfugios habituales para violar las prohibiciones **180**

El hábito de la queja y cómo alimenta el criterio externo **187**

La empatía como la mejor fuente de información sobre los demás **193**

¿Egoísmo insano? **200**

**Capítulo 4: Pero ¿cómo decidir por ti mismo
si no sabes quién eres tú mismo?** **209**

Criterios externos infiltrados como internos: el caballo de Troya **211**

Desenmascarando a los infiltrados **240**

El valor de nuestros valores **259**

El chequeo ecológico
o una cuestión de equilibrio **284**

Aprendiendo a reconocer qué
nos guía: ¿el corazón o las tripas? **292**

Palabras finales: paradojas **299**

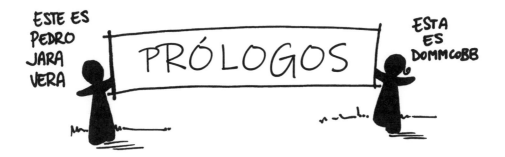

POR PEDRO JARA VERA

¿Lo hemos pensado así alguna vez? Desde que nos levantamos cada mañana hasta que nos acostamos, durante casi todos los días de nuestra vida, estamos en la tesitura de tomar decisiones de continuo. «¿Me levanto ya o me espero un poco más?, ¿qué desayuno hoy?, ¿hago algo de ejercicio o paso de ello?, ¿me pongo a estudiar o me voy a dar una vuelta?, ¿mando el mensaje o me estoy quieto?, ¿le paro los pies a esta persona o de momento lo dejo pasar?, ¿monto mi propio negocio o preparo una oposición?, ¿voy a por el primer hijo o me espero?, ¿dejo a mi pareja o continúo con ella?, ¿sigo la inercia de la normalidad que me rodea o "me salgo del tiesto"?».

Cuando se habla de la toma de decisiones, la mayor parte de las veces pensamos en los dilemas y encrucijadas medianamente importantes ante los que a menudo nos pone la vida. Suelen ser una de las mayores fuentes de incertidumbre, ansiedad e inseguridad del ser humano. Sin embargo, la mayor parte de las decisiones que tomamos en nuestra vida son pequeñas, rutinarias y, tal vez por eso, automáticas o inconscientes y, aunque por lo general no sentimos que nos creen demasiados conflictos y problemas, contribuyen de manera determinante a darle forma a nuestra vida y a nuestras experiencias. Incluso no tomar decisiones es también, al fin y al cabo, una decisión, y obviamente tiene consecuencias. No podemos escapar de ello. Todo lo que hacemos y todo lo que no hacemos tiene consecuencias.

Por tanto, alcanzar una cierta comprensión y un adecuado manejo de todo lo que supone ese proceso continuo de elección y toma de decisiones, es algo esencial si queremos llevar el timón de nuestra vida y conducirla de manera satisfactoria.

Dado que este es un hecho del que nadie puede escapar, nos quedan pues dos opciones: o aprendemos a conducir nuestra vida de forma consciente, adecuada y medianamente libre, o indudablemente alguien o algo lo irá haciendo por nosotros.

Porque son variadas, poderosas y, a menudo, sutiles las formas de presión que están constantemente agarrando y pretendiendo llevar nuestro

timón, incluso haciéndonos creer que es nuestra propia mano la que lo conduce. Esta cuestión de los múltiples factores que condicionan nuestras decisiones es tan importante como poco explorada y puesta de manifiesto en los distintos textos y discursos que se realizan sobre los procesos de toma de decisiones. Por este motivo, ese va a ser el tema central que nos ocupe en este libro: *¿Qué hay detrás de nuestras continuas decisiones en la vida?*, *¿qué elementos intervienen?*, *¿hasta qué punto somos libres en ese acto, o solo tenemos una ilusión de libertad?*, *¿podemos cambiar algo al respecto?*

A diferencia del resto de las publicaciones sobre habilidades y procesos de toma de decisión, generalmente centrados en el mundo del trabajo y la empresa, este libro pretende adoptar un enfoque mucho más reflexivo, también riguroso en los argumentos, pero sin detenernos tanto en análisis metodológicos minuciosos, de los que ya se ocupan otros textos, como en agitar tu mente de un modo constructivo, en facilitar tu mirada interior, en darte conocimientos y pautas concretas para aumentar tu sentimiento de libertad personal y de conexión contigo mismo. Estamos convencidos, dado que así lo demuestran amplias experiencias, de que la comprensión reflexiva y la puesta en práctica de los planteamientos que hacemos en este libro pueden cambiarte profundamente, aportándote una mayor seguridad y aumentando tu capacidad para gestionar tu vida.

No quiero dejar de mencionar mi satisfacción por compartir este trabajo con la genialidad de Dommcobb, quien, combinando humor, atrevimiento y profundidad, siempre me inspira a nuevas ideas y reconsideraciones sobre mis escritos; por ello este proyecto nació como algo entre dos, y no como un texto al que había que ponerle ilustraciones, ni como ilustraciones a las que había que ponerle un texto. Aunque desde estilos muy diferentes, la sintonía de visiones y la afinidad de intereses temáticos resultaron evidentes desde que nos conocimos, motivados por la admiración mutua de nuestro trabajo. Los chistes, las viñetas y los textos que Dommcobb aporta en este libro no están concebidos como meras ilustraciones para infantilizar y aligerar la digestión del libro, sino que, por el contrario, al contener mucha información condensada, resultan elementos propicios para detenerse, mirarse hacia dentro y meditar.

Así que te doy la bienvenida a estas páginas. Toma nuestra mano y acompáñanos, adentrémonos juntos en la apasionante aventura que implica el mundo de las decisiones, con tanta seriedad como humor, con cariño, con verdadero ánimo de serte útil para que, cuando nos despidamos, sientas que algo importante y valioso ha ocurrido en tu vida.

POR DOMMCOBB

HOLA... ¡QUÉ NERVIOS...!
¡ARRANCAMOS!

Bienvenido seas al maravilloso mundo del p'adentro, ese espacio tan amplio y complejo que, si miras a tu alrededor, verás que hay más de tres millones de libros que hablan del temita. Quizá debería de ser esta una razón lo suficientemente convincente para que los humanos hubiéramos abandonado la idea de volver a escribir sobre ello y hubiésemos aceptado como válida alguna de los millones de teorías que se exponen en dichos tratados. Pero no.

¿Le vas a decir tú a un ser humano que deje de hacer algo cuando quiere hacerlo? Pues imagínate a dos. Aquí estamos, Pedro y una servidora hablando del criterio personal, de la toma de decisiones y de quién decide por ti cuando (crees que) decides tú.

También podríamos haber hablado de cómo se aclimatan al frío las personas de Laponia, o de por qué pareces una modelo en los espejos de las tiendas y una orcales en los de tu casa, de cómo afectan las pantallas planas con esquinas redondeadas a los tres ojos de un individuo, o incluso de cómo ser asertivo en el mercado de abastos de Villarejo de los Mayores, pero hemos decidido hablar de lo de decidir y tal pascual.

Tal vez pienses que si tan alegremente hablamos del criterio personal como para llenar un libro es que tenemos claro clarinete todo lo que concierne a este asunto y que tú, con solo leer esta obra de principio a fin, darás con tu propio criterio al llegar a la página doscientos treinta y seis. No. No es por ahí. Esto es más bien un mapa, una guía de conocimientos ampliamente demostrados que podrás seguir en ese viaje al *p'adentro de ti mismo* que vas a emprender más solo que la una. El hecho de que el encuentro con uno mismo sea algo que se realiza exclusivamente en soledad no significa que no pueda uno darse el gusto de investigar, informarse y apoyarse en pistas, señales y herramientas que puedan facilitarle el paso a través de tu propio laberinto mental. A lo que iba, que ya no me acuerdo ni de lo que quería decir cuando he empezado a escribir el prólogo, ¡ah, sí!, que hemos decidido meternos de lleno en el campo de las decisiones personales, en sus recovecos e intríngulis, con el objetivo de ayudar a que te conozcas un poco mejor a través de nuestro estudio, reflexiones y experiencias (en mi caso, también muchas paranoias).

Este es sin duda el principal fin: que consigas recorrer el mundo del *p'adentro*, aunque para ello necesites leer algo del *porfuera*. Así de maravillosa es la relación entre todas las cosas y la interdependencia de todo lo que es.

Así pues, ¡hola! Soy Ana Belén, Dommcobb, como te parezca mejor llamarme (por teléfono no, que no lo suelo coger). Escribo parte de lo que leerás a continuación. También dibujo las viñetas que te harán más llevaderos los textos de Pedro (que mira que le gusta al tío escribir... bueno, vale, tanto como a mí dibujar). Deseamos sinceramente que te sirva de algo todo lo que exponemos, que pueda serte útil en tu día a día, en el bar, en tu trabajo, en la cena de Nochebuena del año dos mil treinta y dos y, sobre todo, en tus íntimos momentos contigo mismo, cuando dejes caer la cabeza en la almohada comprada en el chino más cercano a tu piso de alquiler.

Gracias de antemano, incluso antes de que te pronuncies sobre qué te ha parecido el libro al terminar, gracias por el simple hecho de dedicar un trozo de tu valioso tiempo a leernos, y sobre todo a cuidarte. Básicamente son unas gracias por existir, así mi mundo es más rico de lo que sería si viviera yo sola en el planeta, que ya me dirás tú la gracia que tendría entonces esta presentación.

Me siento profundamente afortunada de formar parte de este proyecto junto a Pedro, una mente brillante que se conoce tan bien a sí misma que puede expresar conceptos sumamente complejos de una manera clara, concisa y tan contundente que facilita la vida de los que le conocen. Le conocí a través de su libro *Adicción al pensamiento*, me cautivó y llenó hasta tal punto, que supuso un firme paso adelante en mi modo de ser y estar en la vida.

Ojalá este libro que has decidido leer pueda hacer lo mismo contigo, incitarte a la reflexión, a la autobservación y llevarte a conclusiones que sean tuyas y de nadie más. Creemos francamente que eso es parte de lo que el mundo necesita: personas honestas, auténticas en su individualidad y de las de verdad.

¿QUIÉN DECIDE
POR TI
CUANDO DECIDES TÚ?

Breve apunte

Antes de adentrarnos de lleno en los *cómo* y los *porqué*, te invito a pensar una sola cosa (una, ¡ja, como si nuestra mente se conformase solo con una!). Cuando éramos pequeños, nuestras elecciones estaban en su mayor parte supeditadas a lo que decían nuestros padres, la abuela, la profe de preescolar *Mariaisabel* y hasta la monitora de *baila y aprende inglés a la vez*. Ahora, como adultos (o lo que te consideres), creemos decidir *libremente*, pero siempre me pregunté: ¿Qué libertad tenemos si, desde que nacemos y durante los primeros años de nuestra vida, alguien nos dice siempre lo que tenemos que hacer?

Si nuestra estructura de pensamiento se apoya en esas primeras formas y contenidos, tal vez la libertad que perseguimos no es más que una libertad *limitada* precisamente por las pautas y modos que nos impusieron o que sencillamente conocimos por nuestra cuenta.

Había una viñeta del gran Forges en la que el protagonista decía que se sentía libre. Libre, entre otras cosas, de elegir el banco que le robaba. Algo así es lo que sucede con las decisiones, que nos movemos únicamente entre patrones y alternativas conocidos. Incluso la imaginación, si no nos paramos a pensar en ello, se verá condicionada. ¿Podemos imaginar un color que no hemos visto en nuestra vida?, ¿podemos imaginar un tipo de relación que aún no se ha creado?, ¿podemos visualizar una casa que jamás antes habíamos visto?, ¿podemos dedicarnos a una profesión que no existe todavía?

Vamos a hablar de lo que sucede en nuestro interior cuando decidimos y elegimos, pero nos gustaría dejar también abierta la posibilidad de que lo que parece un muro infranqueable en tu cabeza, pueda ser también una puerta a mundos que aún desconocemos.

LOS INGREDIENTES FUNDAMENTALES
DE TODA DECISIÓN

Para tomar cualquier decisión en la vida, ya sea grande o pequeña, podemos identificar una serie de elementos fundamentales sobre los que vamos a profundizar en este capítulo. Estos ingredientes de los que, como si de la elaboración de una buena receta se tratase, es preciso conocer ciertas características, son fundamentalmente cuatro: el problema u objetivo concreto que se plantea, las alternativas disponibles entre las que elegir, los criterios, las reglas y las prioridades personales que tendremos que confrontar con las distintas alternativas y, por último, la información disponible o accesible sobre cada una de esas alternativas.

Una primera elección: el problema a solucionar u objetivo a alcanzar

Tal como hemos comentado, la mayor parte de las decisiones que tomamos en la vida son rutinarias, cotidianas; no las asociamos a ningún problema en particular, hasta el punto de que no solemos ser conscientes del hecho de estar decidiendo y eligiendo. Si bien esta inconsciencia supone un ahorro de esfuerzo y energía psíquica al que nuestra mente siempre tiende, también puede suponer un serio problema cuando tal ahorro de energía nos trae muchos más desgastes y quebraderos de cabeza posteriormente. Ser conscientes de que estamos decidiendo siempre nos ayudará a tomar mejores alternativas.

Además, a lo largo de nuestra vida también hay muchos casos en los que se nos plantean claras dificultades de distinto calibre ante las que debemos actuar y hacer algún tipo de gestión, tanto de nuestra conducta como de nuestras emociones. En otras muchas situaciones, más que sobrevenir alguna dificultad que nos *obliga* a decidir y actuar, surge en nosotros algún interés, algún anhelo o aspiración que nos empuja a marcarnos objetivos. Así, son diversos los motivos que nos llevan a tomar decisiones: podemos tomarlas para intentar dejar de sentirnos mal, para solucionar algún tipo de problema o, en otras ocasiones, simplemente para alcanzar algún objetivo de desarrollo que nos ayude a sentirnos mejor o para prevenir algún problema futuro.

Llegamos aquí a un concepto clave: marcarnos un objetivo determinado y no otros ya es una decisión en sí; es decir, no solo hemos de examinar una serie de opciones entre las que elegir y modos de comportarnos para lograr nuestro objetivo, sino que cuando nos marcamos ese objetivo, ya estamos tomando una primera decisión importante. Sin embargo, con mucha frecuencia esta elección previa es algo que realizamos sin cuestionarnos y sin ser conscientes de las distintas posibilidades. Por ejemplo, una persona puede embarcarse en la decisión de qué casa comprar o construir, porque da por hecho que eso es algo que ha de hacer antes o después, pero quizá no llega a considerar seriamente la posibilidad de renunciar a ese objetivo y, en cambio, optar por el alquiler o por la vivienda compartida. ¡O incluso por vivir debajo de un puente! Hace no tantos años, en España había una clara cultura de compra de casa propia y alquilar de forma duradera se consideraba un derroche de dinero.

Esto no se debía solo a cuestiones relacionadas con la oferta y la demanda, con las condiciones del trabajo o con el precio de la vivienda, sino que, a su vez, estas cuestiones estaban determinadas por unas creencias y una cierta cultura dominante acerca de la vivienda que en otros países europeos era claramente diferente, como lo es en la España de hoy. Pero cuando en la España de hace veinte o treinta años alguien renunciaba a hipotecarse con esa compra, podía preparar sus oídos para recibir presiones de todos lados y su mente para verse acechada por todo tipo de temores.

Como en el ejemplo anterior, dar por hecho el objetivo sobre el que tenemos que buscar opciones y decidir suele ser algo que se repite continuamente cuando se trata en general de decisiones de consumo. Hoy día la gente se plantea decisiones como qué modelo de coche o de teléfono móvil comprar, pero no son muchas las personas que consideran seriamente la posibilidad de no tener coche en propiedad y ajustarse a otras fórmulas de desplazamiento (transporte público, coche de alquiler o compartido, bicicleta...). Dentro de un tiempo esto quizá nos parecerá tan natural como hoy en día nos parece alquilar una casa. Tampoco son muchas las personas que deciden mantener su teléfono móvil hasta que queda obsoleto o que renuncian a las presiones de la moda en cualquier ámbito. ¿Estamos aquí diciendo que está bien o mal hacer esas cosas? No, cada persona es un mundo. Lo que queremos que consideres es que existe la posibilidad y la conveniencia de cuestionar seriamente en todos los casos la premisa mayor: que a mayor presión cultural y del entorno, menos nos planteamos la posibilidad de simplemente resistirnos a luchar por ciertos objetivos convencionales, los cuales, a su vez, nos embarcarían en otras decisiones y elecciones posteriores. Pensemos en que vamos a trepar a un árbol sin saber muy consciente y coherentemente por qué. Al decidir subir por ese tronco concreto (cuando podríamos no hacerlo), llegará un momento en el que nos veremos obligados a decidir hacia qué rama de ese tronco movernos, y después hacia qué ramita de la rama, y hacia qué hoja. Y en medio de todo eso, tal vez nos quejaremos de que estamos agobiados y atrapados entre el ramaje. Así, el problema no es tanto lo que hacemos, que puede ser lo que cada uno quiera, faltaría más, como si lo hacemos robóticamente o bien con una cierta libertad y conciencia. La cosa se complica, como iremos viendo, por el hecho de que solemos estar bastante robotizados para creer, falsamente, que decidimos con libertad y conciencia.

> Cuando tenemos que decidir cómo encauzarnos mejor hacia algún objetivo, es importante no perder de vista que marcarnos ese objetivo ya es una decisión previa, que a menudo puede no estar suficientemente cuestionada; es decir, antes de enfrentarnos a las decisiones sobre cómo vamos a llegar a un lugar, debemos ser conscientes de si realmente queremos ir a ese lugar.

Así que, para poner en marcha cualquier proceso de toma de decisiones, partimos de un problema que se presenta o de un objetivo que nos planteamos, pero es muy habitual perder de vista que *ese objetivo en sí mismo es el fruto de una decisión previa.* Cuanto más nos remontamos al origen de problema u objetivo, menos conscientes somos de que este objetivo se puede cuestionar, más cosas damos por supuestas y más inquietud nos produce preguntarnos sobre ese origen.

Conocí una vez a un tipo que me dijo que su ilusión en la vida era darle un nieto a su madre. Le pregunté si era entonces su ilusión o si el deseo era más bien de su madre. Ahí te quedas *platolivas*, me dijo. Bueno, creí entender eso cuando se dio la vuelta y me demostró lo bien que se le daba correr. Muchísimo mejor que contestar.

Imagina que tienes dudas entre dos personas para iniciar una relación (en el hipotético caso de que tú le gustes a dos personas... hipotético y milagroso porque en general ya sabemos que no le gustas a nadie); pues la idea es que antes de decidir entre Juanita o Fulanito, convendría que supieras realmente (desde dentro) si de verdad quieres una relación o si vas como las cabras locas, decidiendo cosas que no te has parado a pensar ni una sola vez en tu vida.

Probablemente todos nos hemos visto involucrados en alguna de esas conversaciones sobre cómo la vida parece programada para, según a qué edad llegas, hacer necesariamente según qué cosas; ya sabes, cosas como encontrar pareja, lograr un trabajo estable, comprar casa, tener hijos, un viajecito al año, fines de semana de aperitivo y cine, dejar buena herencia y morirse tarde.

¡Y cuidado con retrasarte o salirte de ahí o no podrás ser feliz! Todo lo demás solo pueden ser pájaros en la cabeza. En fin, parece que hubiese una única manera de creer que puedes ser feliz y muchísimas maneras posibles de sentir que te lanzas a la desgracia.

Ha de quedar claro, por tanto, que esta falta de consciencia, así como la presión cultural, no ocurren solo cuando se trata de decisiones de consumo, sino que nos acecha en todos los aspectos de nuestra vida. Para los terapeutas como yo, este hecho, y sus fastidiosas consecuencias, aparece en nuestra mesa a diario. En mi propia experiencia personal, uno de los ejemplos más significativos al respecto lo viví hace muchos años, cuando creí que tenía que decidir sobre qué tema desarrollar mi tesis doctoral. Dado que no encontraba una dirección apropiada ni documentación abundante para los temas que me interesaban, tuve que hacer varios análisis y reflexiones que me llevaron erráticamente a perder bastante energía en dos temas previos, hasta que encontré un tercero en el que creí que podía sentirme cómodo y desarrollarlo con calidad. Después de casi tres años realizando los cursos de doctorado, traduciendo

"OBJETIVOS"

1 ESTUDIAR UNA CARRERA
2 BUEN TRABAJO
3 MUCHO DINERO
4 CASARME
5 DOS HIJOS
6 CASA EN LA PLAYA
7 MEJOR COCHE
8 JUBILACIÓN
9 JUGAR A LA PETANCA
10 ~~MORIRME~~

LOS QUIERO TODOS MENOS ESTE

DOMMCOBB

artículos, estudiando e investigando, cuando me faltaba bastante menos de la mitad del trabajo para completar mi tesis y convertirme en doctor, sentí no obstante que me consumía demasiada energía y que me costaba motivarme para sentarme a ello. En un momento dado me reuní despacio conmigo mismo y empecé a cuestionarme, por primera vez con total honestidad, la premisa mayor u objetivo previo: ¿Realmente es tan importante para mí completar la tesis y convertirme en doctor?, ¿hasta qué punto he dado por supuesto, como lógico y apropiado, que debo seguir por este carril?; aunque me falte la menor parte del trecho, ¿me compensa personalmente hacerlo y es acorde a mi visión de la vida y de mi futuro profesional? Después de cierto vértigo por unas preguntas tan atrevidas, me di cuenta de que el problema de fondo no era haber elegido bien o mal el tema de mi tesis, sino que realmente no me compensaba el esfuerzo por conseguir el doctorado y el tener que desplazar otras tareas que me motivaban más. A pesar de la incomprensión inicial de mi entorno, ahí se paró todo, renuncié al doctorado, me quité un peso de encima y nunca me he arrepentido de esa decisión.

Foto exclusiva de PEDRO JARA
cuando tomó su decisión de renunciar al doctorado.

¿Por cuántos troncos intentas tú trepar sin detenerte a cuestionarte preguntas similares, aunque ya andes liado y agobiado entre el ramaje?

Aprovechamos para protestar aquí, de manera férrea y firme, contra la tontería andante que ronda por la vida que asegura que antes de morir hay que plantar un árbol, escribir un libro y tener un hijo. Por favor, el lumbreras que redujo las tareas de la vida a esas actividades, que se manifieste.

El abanico de alternativas

Supongamos ahora que el objetivo o el problema ya está aquí. Tenemos que decidir. Nos encontramos entonces ante un cierto abanico de opciones, alternativas o posibilidades. En muchas ocasiones nos enfrentamos a situaciones ante las cuales parece existir una serie de alternativas u opciones cerradas, que resultan más o menos fáciles de identificar. Es, por ejemplo, lo que parece ocurrir cuando tenemos que elegir un plato de la carta de un restaurante o cuando decidimos si acudir o no a una fiesta.

En una gran cantidad de ocasiones, además, las alternativas parecen reducirse a dos: «¿Compro o no compro?, ¿voy o no voy?, ¿hablo o callo?, ¿me presento o no al examen?, ¿pido cita a un terapeuta o me espero?». Es como si se presentaran ante nosotros unas pocas posibilidades ante las que tenemos que elegir. Pero debemos prestar atención para no considerar que esto es algo obvio. La mente humana posee una tendencia natural hacia la simplificación de la realidad y, particularmente, una tendencia al pensamiento dicotómico, binario; esto es, a efectuar la máxima reducción posible hasta quedarnos en solo dos opciones. El problema es que esta simplificación resulta, a menudo, la mejor manera de sepultar la creatividad y de perder por el camino infinidad de matices y posibilidades. La realidad es que pocas veces las alternativas son tan estrechas como parece de inicio, o como otras personas nos las quieren presentar. Esto resulta comprensible si reparamos en que, a través de la evolución, nuestros cerebros se han ido conformando para simplificar las decisiones. Durante casi toda nuestra historia evolutiva como *Homo sapiens*, han predominado las decisiones rápidas, simples y binarias de las cuales dependía nuestra supervivencia, así que no había mucho tiempo para reflexionar: «¿Me como esta planta o me intoxicaré si lo hago?, ¿acampamos en este lugar, o seremos presa fácil de los depredadores si lo hacemos?, ¿permanecemos aquí o nos desplazamos?, ¿huyo o combato?». Sin embargo, la vida en las sociedades modernas está lejos de ser tan simple, contiene una alta complejidad y exige de nosotros soluciones a menudo más creativas y matizadas, soluciones que debemos encontrar en entornos completamente ajenos a nosotros y a nuestras capacidades naturales o primitivas.

¿Qué implicaciones tiene la enseñanza anterior? Pues que nuestro abanico de decisiones, en multitud de circunstancias actuales, es bastante más amplio. Las opciones o alternativas para una decisión no solo han de ser identificadas o reconocidas entre el panel que se nos presenta, sino que habitualmente también pueden ser creadas o generadas por nosotros mismos, ampliando el abanico de posibilidades y matices. Esto es algo que muchas personas ni siquiera se detienen a considerar.

Estaríamos hablando de la manera simplista de plantear las cosas: Ese 'o blanco o negro' que obvia todas las tonalidades de grises que ofrece la *realidad real realísima.*

¿Y si cambiamos las preguntas y en lugar de un simple *qué hacer* consideramos *cómo, dónde, cuándo, con quién... hacerlo?* Cuando nos sentimos atrapados entre dos opciones resulta muy habitual tener una fuerte sensación de conflicto interno. Es como si tanto una cosa como la otra nos trajeran pros y contras, ventajas y riesgos ante los que cuesta mucho decantarse. En toda decisión hay una pérdida, una renuncia, pues cuando te acercas hacia allí, necesariamente te alejas de aquí. Y dado que la mente humana suele quererlo todo sin renunciar a nada, dudamos, dudamos, dudamos... Una manera de reducir o minimizar ese tipo de conflictos pasa por aumentar el número de opciones intermedias, por crear matices y combinaciones en nuevas opciones o posibilidades que contemplen de la mejor manera todas las necesidades en juego. Las preguntas acerca del dónde, cómo o cuándo nos orientan a crear esas nuevas alternativas.

> Por lo general, las alternativas ante una decisión no solo se nos presentan como algo cerrado, sino que pueden ser creadas activamente. Enriquecemos las posibilidades cuando la pregunta no es simplemente qué hacer, sino cómo, cuándo, dónde... hacerlo.

Por ejemplo, una persona que quiere adelgazar se plantea si hacer o no una dieta, pero ni una cosa ni la otra le satisface ni son cosas con las que se sienta claramente comprometida (lo cual suele llevar a oscilar entre una cosa y la otra, a hacer sin hacer bien, a no hacer con remordimientos, etc.). Al introducir nuevas preguntas y posibilidades, quizá podría optar por un estilo de alimentación que no sea exactamente una dieta, sino una nueva manera de comer donde reduzca ciertos alimentos, cambie ciertos horarios y considere plazos más largos para ir perdiendo peso con menor sufrimiento. Ni es dieta ni no dieta, sino otra cosa. Veamos otro ejemplo, imagina que te planteas si debes decirle o no a otra persona algo que te incomoda de ella. No te satisface ninguna de las opciones, sabes que no debes quedarte con el nudo dentro, pero tampoco quieres que suponga un golpe para la otra persona. Es el momento, quizá, de plantearse preguntas más bien del tipo *cómo decírselo* y *cuándo decírselo*, creando de este modo una opción nueva que pueda evitar al tiempo tu malestar con la situación y el trauma para la otra persona. Este enfoque del problema revela que, para crear nuevas alternativas, a menudo es preciso desarrollar nuevas habilidades, en este caso de comunicación. En otro caso, en lugar de quedar bloqueado entre iniciar o no una relación con otra persona, quizá podamos abrir posibilidades preguntándonos más bien qué tipo de relación mantener. ¿Ha de ser todo o nada, al modo tradicional?, ¿o puede plantearse la posibilidad de una relación de fines de semana, o una relación abierta, o una relación convencional sin convivencia bajo el mismo techo?...

Así que la creatividad, por supuesto, no es algo que se ciña al terreno de los artistas; en todas las facetas de la vida resulta conveniente activar la creatividad y la innovación. Así es incluso para el propio acto de vivir.

En realidad, la creatividad siempre está activa. Todo el rato estamos creando, en cierto modo, nuestra vida, o siendo más precisos, nuestra situación de vida, ya sea por lo que nos contamos cuando algo nos sucede, por la narrativa que le damos a los hechos o incluso a las emociones, pensamientos y conductas que adherimos a cualquiera de los hechos o eventos que nos acontecen. Podemos crear, por ejemplo, la forma en la que nos enfrentamos a un divorcio, otra cosa es que esa creación surja según unos patrones y estructuras de pensamientos y conductas automáticos que actúan sin contar con nosotros, es decir, sin conciencia alguna. Pero crear, creamos. Lo guais del temita es que una vez que sabes que crearás sí o sí, qué menos que conocer la maquinaria mental para que podamos poner esta creación a nuestro favor.

Podemos desarrollar nuestra vida moviéndonos entre caminos trillados, convencidos de que ahí acaban todas las posibilidades, o bien inventar y diseñar nuevos caminos que resulten personalmente más satisfactorios. Es muy importante salir del pensamiento binario y cerrado al que nos tientan no solo los sesgos evolutivos de nuestra mente, sino también las tendencias culturales en las que esa mente ha crecido y que la rodean. Si tienes varias maneras posibles de encarar un problema o de intentar satisfacer un objetivo, es más probable que alguna de ellas sea apropiadamente satisfactoria para ti en particular. Así que las alternativas de decisión no solo se nos presentan, sino que usualmente también se pueden crear de forma activa. El propósito de ello, en definitiva, es encontrar alguna alternativa que satisfaga del mejor modo posible los criterios que usamos para decidir.

Los criterios de decisión

Los criterios de decisión son los que determinan principalmente el peso relativo de las alternativas, así como el hecho de que diferentes personas tomemos diferentes decisiones ante una misma situación. Cuando hablamos de criterios de decisión nos estamos refiriendo a las necesidades e intereses en juego, los gustos y preferencias, las prioridades o valores, las capacidades y recursos disponibles, también a las circunstancias particulares que intervienen. Es buscando satisfacer del mejor modo posible estos criterios como optamos por una u otra alternativa disponible y por lo que intentamos crear la opción que mejor se ajuste a esos criterios de los que partimos.

Y la decisión inicial de marcarnos un objetivo y no otro, tal como señalamos anteriormente, ha de venir determinada por el intento de satisfacer estos criterios. Sin embargo, tener claros cuáles son esos criterios de decisión importantes para nosotros no es un asunto sencillo. Volviendo sobre mi experiencia personal, cuando yo decidí embarcarme en el doctorado no era tan consciente de cuáles eran esos criterios importantes para mí como cuando decidí abandonarlo. Ese es el tema principal de este libro en los capítulos siguientes.

Dímelo a mí, que cuando empecé a estudiar delineación no soportaba las líneas rectas. O cuando trabajé diez horas en un estudio y a mí lo que me gustaba era estar al aire libre. O cuando decidí relacionarme con mucha gente sin saber que mi pasión era la soledad. O cuando necesitaba el contacto familiar y me pasé un año pensando a qué país iba a mudarme. En fin, esas cosas que pasan.

En esencia, ante cualquier situación en la que tengamos que tomar una decisión, podemos decir que existen dos tipos de criterios generales: *criterios internos* o *criterios externos*. Llamamos *criterio interno* a todo lo que nos remiten las preguntas del tipo: *¿Cuáles son mis necesidades e intereses?, ¿qué dicen aquí mis valores personales?, ¿qué es para mí más o menos importante?, ¿cuáles son mis gustos y preferencias?, ¿qué recursos, capacidades y limitaciones tengo para encarar la decisión?, ¿cuáles son mis particulares circunstancias?*

Este tipo de preguntas nos conectan con lo que podríamos llamar nuestra voz interior, que responde a un ejercicio de autoescucha, autoconocimiento y respeto o cuidado propio. Por el contrario, existe otro tipo de preguntas que podemos plantearnos a la hora de decidir y que nos remiten al *criterio externo*, es decir, el de otras personas, ya sea que se trate de alguien en particular o de la gente en general, según el caso. Aquí las preguntas que nos condicionan a la hora de decidir son más bien del tipo: *¿Qué van a pensar de mí?, ¿cómo le va a sentar?, ¿qué imagen voy a dar?, ¿qué haría fulanito?, ¿qué esperan de mí?, ¿qué se supone que es lo normal?, ¿qué hace la mayoría?*

Y según hacia qué lado nos inclinemos más, si en satisfacer las cuestiones referidas al *criterio interno* o las del *criterio externo*, serán adecuadas unas u otras alternativas, porque los pros y contras de cada una cambiarán y tomarán un valor y un peso distinto en nosotros.

El asunto de los criterios de decisión constituye la motivación y el tema principal de este libro, con lo que nos detendremos en él más adelante. Pero ahora procede que dediquemos cierta atención a la información y las características particulares de nuestras alternativas de decisión.

> Los criterios para decidir hacen referencia a las necesidades e intereses que se tienen en cuenta, los gustos y preferencias, las prioridades o valores, las capacidades y recursos disponibles, y las circunstancias particulares que intervienen para sopesar el valor de las diferentes alternativas.

La información sobre las características, requerimientos y posibilidades de cada alternativa

Además del problema u objetivo de partida, de las alternativas en juego y de los criterios de decisión que manejamos, necesitamos una buena información disponible o accesible sobre cada una de las alternativas a considerar. Cuando nos debatimos entre una serie de alternativas o posibilidades, cada una de esas opciones ofrece unas garantías que estimamos como mayores o menores, unos costes y sacrificios, unos matices... La información que podemos llegar a conocer sobre la calidad y las posibilidades de éxito de cada una de esas alternativas va a ser siempre limitada, pero ello no nos exime de intentar evitar ciertas trampas que pueden pervertir o empobrecer aún más esa información, como por ejemplo la pereza, la impulsividad o ciertos autoengaños a los que a menudo somos proclives. A esto nos referimos ahora.

Debemos tener en cuenta que cada una de las alternativas que se nos ofrecen puede resultar más o menos apropiada y susceptible de ser elegida en función de que satisfaga los criterios que usamos para decidir, y ello depende, naturalmente, de la información particular que debemos conocer sobre cada una de esas alternativas. *¿Cuáles son las características de cada una?, ¿qué cualidades presentan?, ¿cuáles son sus costes y los recursos que requieren emplear?, ¿qué limitaciones ofrecen?, ¿qué consecuencias posibles ofrece cada una, y con qué grado estimado de probabilidad?, ¿cómo afectaría el optar por ella a otras necesidades y facetas de mi vida?*

Ahora las preguntas no se refieren a los criterios de decisión, sino a las particularidades que caracterizan a cada una de las alternativas disponibles, las cuales tendrán que ser ponderadas y sopesadas de una u otra forma, eso sí, teniendo como eje nuestros criterios de decisión personales. Si, por ejemplo, te planteas comprar un coche y existen muchos modelos disponibles, la información sobre las alternativas se refiere a examinar cuestiones como cuáles son los diferentes precios y facilidades de pago, la calidad del servicio posventa, los plazos de entrega y, por supuesto, las especificaciones técnicas de cada vehículo. Toda esa información es la que tendrás que confrontar con los criterios de decisión personales que vas a considerar, como, por ejemplo, no superar un determinado coste económico, que el coche tenga cierta capacidad de carga que para ti es importante, que el consumo energético sea bajo o que disponga de un buen maletero.

Me estoy acordando de una persona humana que, estando en un bar, fue invitada por la camarera a un café. La persona en cuestión aceptó el café y cuando lo tenía en la mesa me dijo: «En realidad no tengo ganas de café». «¿Y por qué le has dicho que lo querías?», le pregunté. «Porque es gratis», contestó.

Y esto, amigo mío (aunque no nos conozcamos de ná), es un ejemplo de libro del criterio de decisión en el que se mueven algunas personas. En este caso, sin tener en cuenta ninguna otra cosa, el criterio del personaje de la historia, sería: «Todo lo que sea gratis, pa'la saca». Lo ocurrido coincidía con su eslogan-base pa'la vida y por eso no se dio ni siquiera el tiempo de preguntarse: ¿me apetece?, ¿le sentará bien a mi estómago?, ¿cuántos cafés llevo ya hoy?, ¿podré dormir si me lo tomo?

En fin, otra vez esas cosas que pasan.

Ya hemos visto que podemos errar nuestras decisiones por varios motivos. En primer lugar, por una mala elección de nuestros objetivos; en segundo, por estar considerando un número demasiado reducido de alternativas y, por último, por no tener claros los criterios de decisión adecuados. A continuación, veremos que *también es habitual que manejemos información demasiado incompleta, quizá falsa, mutilada o de alguna forma engañosa acerca de las características de cada alternativa.*

Son muy pocas las ocasiones en la vida en las que las alternativas que se nos presentan vienen con una información clara y concreta sobre sus características y consecuencias esperables. Precisamente, esta es una de las cosas que a menudo hacen tan difícil decidirnos: que no podemos tener seguridad acerca de los resultados que tendrá nuestra decisión porque jugamos con posibilidades más o menos inciertas, con posibles imprevistos sobrevenidos, con características a veces difusas, etc. Incluso cuando nos esforzamos en analizar e investigar sobre las diferentes alternativas en juego, estas siempre ofrecen un margen mayor o menor de incertidumbre, de zona oscura y desconocida.

Admite de una vez que eres un ser limitado en tu capacidad de percibir. Suelta un poco de tu imperante necesidad de tenerlo todo bajo control cuando vayas a decidir. Considérate, por ejemplo, algo parecido a la radio. Digamos que no podrás sintonizar en tu mísera existencia todas las frecuencias a la vez, pues tu mente recogerá, de todas las variables que acontecen a tu alrededor, solo unas poquitas. No te estreses, no te agobies, asume tus límites.

Te será más fácil y cómodo vivir en coherencia con lo que eres que pasarte el día agobiado por no poder ser un superhéroe.

> YA CONTROLO PERFECTAMENTE QUE NO PUEDO CONTROLARLO TODO

Pero ese margen de incertidumbre o zona oscura inevitable será mucho menor si haces un esfuerzo adecuado y una mirada lo más realista posible sobre las alternativas. Cuando después de tu análisis decides qué coche comprar, es imposible que puedas prever una ruptura importante y temprana por algún defecto de fábrica que te ha tocado en mala fortuna; cuando finalmente te decides por aceptar un determinado empleo y no otro, probablemente era imposible saber qué tipo de compañeros o de superiores en concreto ibas a tener y cómo estos podían hacerte la vida más o menos difícil; cuando decides tener un hijo, no puedes saber si nacerá con ciertas limitaciones o con un temperamento más o menos problemático...

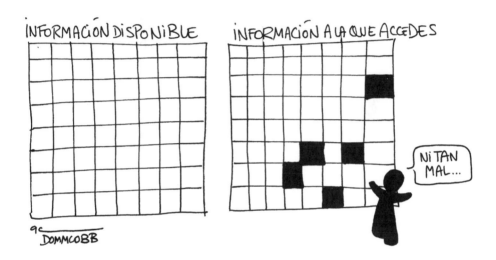

Una cierta dosis de riesgo es consustancial a cualquier decisión. La información nunca es completamente accesible, las previsiones futuras nunca pueden ser del todo certeras. Otras veces los datos que obtenemos están incompletos o nuestras fuentes no son perfectas. Por no hablar del hecho de que desde luego no somos expertos en todas las materias. Esto es algo que nos ocurre a todos, pero mucho más a quienes deciden con demasiada prontitud o impulsividad, con escaso análisis o cegados por unas pocas características llamativas. *Y esto es especialmente cierto cuando la información que necesitamos conocer para tomar nuestras decisiones alude*

a las características de otras personas, pues acceder a esa información sobre el interior y las posibilidades de otros requiere un ejercicio de empatía habilidoso por nuestra parte, lo que conlleva siempre incertidumbres altas y márgenes de error importantes. Ampliaremos este aspecto en otro capítulo.

¿Realmente sueles buscar información de calidad cuando has de tomar decisiones de cierta importancia? Esto debería parecer lo normal, pero no lo es tanto: la pereza, las prisas, la excesiva y saturante información o la confianza ciega en ciertas fuentes llevan a sesgos importantes de la información. Además, en un mundo en el que abundan los supuestos expertos de todo, donde hay tanta falsa ciencia en los medios y donde hay tanta sobrecarga de información por todos lados, no siempre resulta sencillo distinguir dónde está la información más fiable, cuáles son los libros más rigurosos, los profesionales más competentes, los hechos más contrastados... En definitiva, no siempre es fácil distinguir el grano de la paja.

Por ejemplo, todos los padres se enfrentan a la decisión de cómo educar a sus hijos en un sentido amplio, pero esa precisamente no es una decisión sencilla. La mayoría de los padres no tienen más información para ello que su propia experiencia como hijos y las observaciones de su entorno de familiares y amigos. Suele considerarse erróneamente que, dado que la crianza es algo natural en toda la historia y en todo ser vivo, no se requiere mucho más que el instinto y esa propia experiencia.

Tal es así que, en una gran cantidad de casos, las personas se lanzan a la paternidad sin tan siquiera considerar que los modelos de crianza y educación han de ser una decisión consciente y bien informada, pues se trata, de hecho, de una de las decisiones más importantes de nuestra vida. Las características tan complejas y los requerimientos tan artificiales de nuestra sociedad actual están lejos de ajustarse a nuestros instintos y, por tanto, exigen de nosotros una serie de habilidades y conocimientos igualmente complejos y artificiosos. Ese es el bucle, el círculo vicioso en el que se embarcó el progreso de la humanidad: hemos creado una vida compleja en exceso que se va alejando de nuestros instintos evolutivos (en este caso para la crianza), lo cual nos obliga a una cada vez más exigente formación y capacitación técnica, lo cual, a su vez, incrementa de nuevo la complejidad y nos aleja más de las condiciones en las que se conformaron nuestros instintos aún vigentes. Así resulta que cuando una persona busca información al respecto de la educación, puede encontrarse con que, incluso si consulta con psicólogos expertos y con bibliografía sobre el tema, existen diferentes modelos y pautas con sus distintos defensores, por lo que ni siquiera las fuentes de información supuestamente más objetivas y fiables nos suelen ofrecer información clara e incontrovertible sobre qué actitudes y conductas son más favorables para un buen desarrollo educativo. Y esta limitación es igualmente válida para otros muchos terrenos de decisión.

Conviene añadir que no solo es adecuada la información respecto a formas, actitudes y modos de proceder en la crianza en beneficio del niño, sino también cómo vamos a establecer los horarios en el día a día, la logística en los cuidados (por ejemplo en lo de dejar los niños a los abuelos sin preguntarles siquiera su disponibilidad o si querrán o si podrán o si se harán los muertos cuando llamemos al timbre con el niño en el carro y apaguen luces, tele y cualquier atisbo de vida en el interior de esa casa), hay que tener en cuenta también los tiempos en la incorporación de los padres a la vida laboral, el nuevo reparto de la economía familiar. Fíjate que todo esto que acabo de narrar, a la mayor parte de la humanidad le suena a chino mandarino (sin ser chinos mandarinos, claro).

Lo anterior, además, vuelve a poner el acento en que debemos aceptar que determinados niveles de incertidumbre, de desconocimiento y de riesgo siempre están ahí, pero la

responsabilidad personal de quien decide también está en medio. La información con la que contamos para hacer elecciones y tomar decisiones suele estar limitada por un grado inevitable de falta de acceso a esa buena información, o de capacidad de distinguir la misma (lo que hemos llamado margen de incertidumbre o zona oscura). Un esfuerzo honesto y paciente en tal sentido, por tanto, debe intentar minimizar este margen de incertidumbre, y hacer acopio de información suficiente y de calidad para tomar decisiones. La actitud adecuadamente crítica es fundamental en este sentido. Por supuesto, esto no tiene particular importancia si se trata de qué menú pedir en el restaurante o de qué camiseta ponerme hoy, pero frecuentemente nos vemos ante tesituras que requieren detenernos en el análisis.

> Cuando valoramos las características particulares y las consecuencias probables de las distintas alternativas de decisión, es importante hacer esfuerzos por recopilar información bastante completa y de calidad.

Cuidado con las prisas, la pereza o la confianza ciega en determinadas fuentes.

Desarrollar actitudes personales como la apertura curiosa, el anhelo de verdad y la humildad intelectual es fundamental para tomar nuestras decisiones con verdadero espíritu crítico, y para considerar con rigor la información que manejamos.

He aquí un ejemplo de recopilación extensa y completa y de calidad de la información. Pa'l lado contrario al que mencionamos, claro. ‐ ‐ ‐ ‐

El autoengaño: un riesgo siempre presente

Pero además del inevitable no poder saberlo todo, de la parte inaccesible en cada caso a pesar de nuestro esfuerzo por informarnos, hay un segundo gran factor que atenta poderosamente contra la información más realista y de calidad para elegir bien. Se trata de nuestra natural tendencia al autoengaño.

Es interesante notar cómo la inteligencia y capacidad de razonamiento de las personas no tiene una relación directa ni demasiado potente con su actitud de pensamiento; es decir, que existen personas muy inteligentes que tienden fácilmente a creer informaciones sin fundamento, pues *la inteligencia no previene la credulidad ingenua*. La investigación ha mostrado cómo abundan los ejemplos de personas que han triunfado en una profesión intelectual y que, sin embargo, acogen creencias extravagantes y absurdas, debido a que la actitud crítica y la disposición a considerar las informaciones de manera rigurosa tienen que ver no solo con la inteligencia y con el nivel cultural, sino también con otras capacidades mentales diferentes a la inteligencia y, especialmente, con algunas características de personalidad: la curiosidad o apertura mental, el deseo o anhelo de encontrar la verdad y la humildad intelectual. Estas características de personalidad pueden estar bastante separadas de la pura inteligencia y de la agilidad mental, así como del nivel cultural, y es por ello que incluso un premio Nobel puede defender posturas e informaciones sin ningún fundamento. A veces ocurre. *La apertura curiosa, el ansia de verdad y la humildad son actitudes y disposiciones a cultivar si uno quiere tomar sus decisiones en la vida sin caer en una peligrosa rigidez e ingenuidad.* Lamentablemente, no resulta sencillo que las personas alejadas de estas actitudes puedan reconocerlo así, porque su propia rigidez y falsa seguridad tienden a cerrar su mente a la postura autocrítica. El resultado es que las personas solemos autoengañarnos como más y mejor nos place.

Dicho de otro modo: a veces lo que está mutilada es la información disponible, otras veces es nuestra conciencia para conectar con esa información, incluso cuando esta sí está disponible. Para complicar aún más el asunto, estas dificultades que afectan a la calidad de la información que manejamos no son excluyentes entre sí, sino complementarias. Vamos a señalar tres sesgos o tendencias de la mente fundamentales, también estrechamente relacionadas y combinables entre sí, que provocan autoengaños y distorsiones de la información disponible, y de ese modo, errores a veces fatídicos de decisión. Se trata del cortoplacismo, el ilusionismo y el pesimismo.

Cortoplacismo: la miopía de la mente

Del mismo modo que la mente humana posee una tendencia natural hacia la simplificación de las alternativas y al pensamiento dicotómico o binario, posee también una fuerte tendencia natural al cortoplacismo. Volvamos de nuevo a nuestra larga prehistoria: durante millones y millones de años, nuestros ancestros llevaban formas de vida que no les requerían pensar más allá de unos pocos días. La vida natural e instintiva de unos cazadores-recolectores era esencialmente cortoplacista, ya que ni siquiera los alimentos se podían guardar ni conservar demasiado tiempo. Nuestras formas de vida actuales, en cambio, nos fuerzan a tomar decisiones que tienen consecuencias, a veces, incluso a muy largo plazo (y también a muy larga distancia): qué rama de bachiller escoger, qué formación profesional, en qué invertir mi dinero, con quién comprar conjuntamente una casa, hipotecas, planes de pensiones, qué tipo de productos consumir y qué impacto tiene ello en el mundo, etc.

En cierto modo, se puede decir que la preocupación por el futuro y la necesidad de tomarlo en cuenta, incluso muy a largo plazo, es un invento de la modernidad. A veces pareciera que aún no nos hemos puesto al día en nuestras nuevas circunstancias y capacidades, porque dado que evolutivamente nuestra mente está conformada para pensar de manera cortoplacista, es habitual que las personas tomemos decisiones sobrevalorando la información de las consecuencias inmediatas esperables, infravalorando por tanto la información referida a las consecuencias probables a más largo plazo.

De este modo, al no adoptar una adecuada visión global sino una cierta miopía mental (vemos bien solo lo que está cerca en el tiempo y en el espacio), tendemos hacia lo más inmediato y aparentemente atrayente, satisfactorio o cómodo, desechando aquello que en verdad necesitamos y nos conviene (lo que es mejor para nosotros no solo ahora, sino globalmente a lo largo del tiempo). Y es que solemos ser bastante ágiles identificando lo que queremos o deseamos, pero ni mucho menos tanto identificando lo que en verdad necesitamos. Del mismo modo que un drogadicto quiere inmediatamente su dosis, cuando lo que en verdad necesita es no drogarse.

Es importante notar que al hablar de cortoplacismo solemos tender a pensar en los actos activamente impulsivos, es decir, cuando actuamos de forma poco reflexiva respecto a las consecuencias. Sin embargo, esta impulsividad también puede ser pasiva; esto es, en ocasiones no actuamos debido a un impulso de evitación, nos paralizamos por nuestra impulsividad cortoplacista. Este es el caso cada vez que el miedo, la vergüenza o la incomodidad nos llevan a no hacer algo que, a largo plazo, nos convendría hacer. La pasividad fóbica ante algo que nos repele, que no hace sino empeorar nuestros miedos y limitaciones a cambio de una cierta tranquilidad momentánea, es el polo opuesto de las decisiones impulsivas que tomamos cuando algo nos atrae.

Ejemplos de cortoplacismo los tenemos a nuestro alrededor en diversas circunstancias del día a día:

Desde las decisiones de consumo adictivo, - - - - - -

Creo que cuanto más consumes, más te consumes...

los placeres con la comida de los que después nos arrepentimos,

la evitación por miedos, vergüenzas o incomodidades,

hasta la forma en que nos involucramos en relaciones con personas que no nos convienen porque de manera cortoplacista se produce un sentimiento de atracción, quizá una pasión o un cierto encandilamiento, que no nos deja ver bien lo que con probabilidad puede ocurrir más allá, habida cuenta de ciertas características palpables de esas personas.

Por lo general, no importa mucho que de manera racional e intelectual sí veamos esas consecuencias que con probabilidad una acción o decisión va a tener a medio o largo plazo, porque lo que en verdad importa es un tipo de mirada que nos conmueva emocionalmente, pues solo entonces nos movilizamos de verdad a hacer o no las cosas. Saber algo intelectualmente nunca es tan importante como integrar ese saber en nuestro cuerpo, en nuestras emociones.

¡ME GUSTAS MUCHO PERO NO TENGO DINERO PA' LA TERAPIA DE DESPUÉS!

ZONA INTELECTUAL → LO SÉ

ZONA EMOCIONAL → LA TEORÍA NO SIRVE PA' NÁ

Añadiría que lo que a veces también sucederá es que el hecho de saber algo a nivel intelectual, puede tener en nosotros el efecto tapadera que oculte las verdaderas razones que nos llevan a decidir hacer algo o a descartarlo.

Ese «ya lo sé», esa sapiencia inigualable que calzan algunos les impide tomar decisiones con garantía de cumplimiento. Esto es, apuesto a que conoces a personas que saben que tienen que dejar una relación pero que no pueden dejarla. Pueden pasarse con esa frase en la boquita de piñón alrededor de ocho millones de años en vez de parar, indagar e ir descubriendo qué ocurre emocionalmente para tener esa dependencia que les impide deshacer el entuerto y mandar a tomar viento a la persona en cuestión.

Como bien decía un gran amigo psicólogo y con tanta luz que aún ando deslumbrada: «El conocimiento no cambia conductas». El hecho de saber algo no indica ni supone que puedas cambiarlo.

Pondré un ejemplo personal que sé que eso, a ti, querido y admirado lector, te pone mucho:

Hace poco, en mi devenir por el mundo del *viñeteo* me asustaba el hecho de pronunciar libremente mis opiniones. En muchos casos no están precisamente del lado de la supuesta mayoría. Yo *sabía* que por ahí no iba bien, como sé por experiencias previas que fingir y aparentar ser alguien que no soy me suele traer mucha incomodidad personal. A mayor incoherencia, mayor malestar, más alejarme de mí, lo que suele traerme muchas penas. Pero pasaban los días y era incapaz de subir a las redes sociales ciertas viñetas que me resultaban comprometidas. Yo *seguía sabiendo* que ese no era el camino, pero eso no evitaba mi silencio o que maquillase algunos de mis pensamientos a la hora de expresarlos. Hasta que no me asomé a qué era en realidad lo que me daba miedo, lo que no quería experimentar, a las emociones que estaba evitando, no se integró realmente en mí la decisión consciente y libre para hacerlo. No, no dejé de tener miedo ni incomodidad (al principio), pero abrí la perspectiva, medí las consecuencias y concreté que ese era el camino que quería transitar por el bienestar que, a la larga, me daría el hecho de ser quien soy.

Y después del tocho que os he metido, adelante, Pedro, puedes seguir con el zoom al futuro que nos permite tomar adecuadas decisiones. Te quedas muerto, ¿eh, lector? Así como si Pedro no fuese a seguir con o sin mi beneplácito.

Un niño pequeño puede saber intelectualmente que le conviene hacer ciertas cosas que serían favorables para su futuro, como, por ejemplo, sentarse a estudiar y hacer sus tareas escolares, pero eso no tiene por qué tocarle emocionalmente lo suficiente como para que se ponga de hecho a estudiar. Del mismo modo, tú puedes saber racionalmente que comer ese dulce no te trae buena cuenta, pero el impulso emotivo y sensitivo para comértelo quizá sea mayor. En estos casos cabe decir que no estamos haciendo un buen *zoom* mental al futuro, es decir, no estamos amplificando en nuestra mente de la manera apropiada las consecuencias futuras previsibles de nuestros actos, para que estas tengan un poder efectivo y emocionalmente activador. Hay que mirar muy bien para «ver con todo el cuerpo», y no solo con la razón.

Al considerar la información importante sobre la que tenemos que decidir, no solo es posible tener información demasiado incompleta y mutilada, sino también mostrar un cierto nivel de autoengaño sobre el valor de esa información. La miopía mental que supone pensar demasiado a corto plazo es un tipo de autoengaño que nos lleva a hacer lo que nos apetece, en lugar de lo que en verdad nos conviene.

Ilusionismo ingenuo: ¡Dime que va a salir bien!

El anterior ejemplo sobre la elección de una pareja inconveniente es muy oportuno para ilustrar el segundo gran tipo de autoengaño que contamina la información relevante para tomar nuestras decisiones, así como su relación con el cortoplacismo: *el ilusionismo ingenuo*. A menudo la información puede estar disponible para cualquier persona ajena a esa embriaguez ilusionista, pero esta persona en cuestión se autoengaña de manera que no puede verla. Hay que decir que, por definición, todos los autoengaños son básicamente (aunque pocas veces totalmente) inconscientes. El motivo central para crear esa inconsciencia es que la conciencia duele. Nos defendemos del dolor de esa mirada a la realidad negando, distorsionando, minimizando y falseando los aspectos fastidiosos de esa realidad, pintándola más grata de lo que en verdad es o de lo que en una previsión realista cabe esperar que sea. Si rompo mi ilusionismo y veo las cosas tal cual son y tal cual es esperable que sean más adelante, entonces quizá deba tomar una decisión que de manera cortoplacista resulta dolorosa, tal vez temible, penosa o desgarradora.

Por eso, distorsionar de manera ilusionista la información y las probabilidades razonables de que las cosas vayan mal es algo muy propio de las personas que están menos capacitadas para encajar los golpes, para enfrentarse a las derrotas y a las decepciones. Esa falta de capacidad (o de confianza en tenerla) hace que todo eso sea especialmente doloroso para ellas, y que se protejan cortoplacistamente con el escudo del ilusionismo.

CURSO

¡CONSTRUYE TU PROPIO CASTILLO EN EL AIRE!

¡PONTE AL DÍA EN EXPECTATIVAS!

DOMMCOBB

El resultado habitual es que ello implica un dolor aún mayor más adelante, por lo que muchas de las personas que buscan ayuda terapéutica lo hacen, precisamente, tras grandes caídas al romperse sus burbujas ilusionistas. Cuando mostramos esta tendencia es probable que, incluso teniendo la información más objetiva delante de nuestras narices, seamos propensos a negarla o a minimizarla, a querer creer que seguramente no será para tanto o que, de algún modo milagroso, encontraremos fórmulas para que las cosas vayan según nuestras expectativas.

Por ejemplo, aunque un psicoterapeuta nunca debe decirle a su cliente si debe tomar la decisión de separarse o no de su pareja, o de continuar adelante o no con una relación incipiente, sí tiene la responsabilidad de ofrecerle la mejor información posible sobre las características de esa relación y sobre los grados de probabilidad con que es esperable que ocurran o no ciertas cosas. Aunque ese no sea un conocimiento matemático de certezas exactas, hay muchas certezas que el conocimiento psicológico mejor establecido sí nos puede aportar. Quizá podamos informar a nuestro consultante de manera bien fundamentada de que su nueva pareja no es simplemente algo maniática, sino que padece un trastorno obsesivo-compulsivo que podría mejorar en alguna medida, pero que en esencia puede resultar crónico y provocar una convivencia muy complicada;

→ Sería lo mismo que decirle: «Mire usted, su pareja es infumable y no hay quien lo aguante», pero generalmente los psicólogos son más prudentes a la hora de decir verdades.

o de que esa tendencia repetida a mentir de su pareja, o al flirteo y la infidelidad, son características que con muy alta probabilidad van a persistir por siempre, incluso habiendo amor en la relación.

Esto podría traducirse en: «Vamos, que lleva usted unos cuernos que no sé cómo piensa salir de mi consulta si no cabe por la puerta», pero en este caso, también suelen ser más discretos al expresarse.

Por supuesto, el consultante siempre puede hacer lo que estime que le conviene con esa información, en función de sus propios criterios para decidir; el problema es que la persona ilusionista no tiende a decidir lo que le conviene según sus propios criterios, sino a hacer lo que le atrae cortoplacistamente en función de sus autoengaños. Así que la persona ilusionista puede tender a minimizar e infravalorar toda esa información y a dar nuevas oportunidades, convenciéndose, aunque ello sea poco realista, de que gracias a su «terapia» y a su amor a esa persona terminará cambiando,

Este sería el típico caso de «voy a ir al psicólogo a ver si cambias».

o de que tal vez la persona cambiará gracias a un hijo en común...

Virgen santa, la de personas que hay en el mundo que fueron concebidas con ese pretexto de salvar relaciones. Podríamos llamarlos «hijos ONG» por su función de salvadores sin ánimo de lucro. Menudo trabajo, menudo error y menudo caos si para intentar enderezar una relación, sumamos un miembro a la misma. A mí a veces me suena tan descabellado como si la solución a los problemas de pareja fuese un «oye, voy a ponerte los cuernos a ver si arreglamos lo nuestro». Algo así. Un poco más en serio, es como si estuviéramos en medio de una tormenta en alta mar dentro de un barco de papel y sumásemos el peso de dos luchadores de sumo en la proa.

En este caso podríamos ver claramente la importancia de poseer la capacidad de ejercer una correcta empatía, pues esta habilidad es fundamental de cara a decidir sobre una información medianamente fiable acerca de algo que involucra a otras personas; es decir, la información referida ya no a cuestiones materiales, sino a las características y posibilidades de las personas, solo puede obtenerse mediante el correcto esfuerzo de empatía con esas personas. En un tipo de ejemplo diferente, alguien puede decidir prepararse y presentarse a una oposición o invertir en un negocio porque posee una confianza excesiva en sus posibilidades de aprobar o de que ese negocio va a ir bien, en lugar de analizar del modo más objetivo posible las probabilidades reales con la información disponible.

Hay que prestar atención a algunas frases que circulan provenientes de una supuesta psicología popular

↳ Más conocida como filosofía barata de internet, que, debido a su calidad, ya podrían llamarla gratis o regalá.

«El que quiere puede».

«El amor todo lo vence» o «si te esfuerzas lo suficiente lo conseguirás».

Este tipo de frases alimentan triste y peligrosamente esta tendencia ilusionista y nos preparan muy mal para una eventual y posible caída.

Siempre he tenido la sensación de que este tipo de frases célebres con foto del Dalai Lama a la derecha reflejan, claramente, lo infantilizado de una sociedad a la que parezca que puedes engañar o manipular con un simple juego de palabras en rima consonante; ese «que todo fluya y nada influya», es una de mis preferidas. Vienen a recalcar el simplismo con el que parece que preferimos encarar los asuntos de la vida. Es una positividad tan tóxica que luego, cuando venimos los *realistas* a decir *cosicas* del vivir, nos suelen tildar de pesimistas. Échale un vistazo al tema de la muerte, por ejemplo: sigue siendo tabú hablar de ella o hacer bromas al respecto, como si viviésemos de espaldas a la realidad aplastante de que sí, va a llegar un día en el que te mueras del todo muerto *matao*. Y así pasa con otros muchos aspectos, la infantilización de la sociedad aumenta con este tipo de frases que, si bien están basadas en una verdad más profunda y compleja, se simplifican tanto que terminan siendo eslóganes, titulares, estribillos que coartan la reflexión de las personas humanas (aún no sé si hay ya otro tipo de personas que no sean humanas pero por si acaso).

De hecho algunos creen que el verbo reflexionar es hacer dos flexiones.

> En el autoengaño ilusionista nos defendemos del dolor de analizar realidades incómodas negando, distorsionando, minimizando y falseando los aspectos fastidiosos de esa realidad, pintándola más grata de lo que en verdad es, o de lo que en una previsión esforzadamente objetiva cabe esperar que pueda ser.

Pesimismo: ¡Madre mía, seguro que me estrello!
El tercer gran tipo de autoengaño que distorsiona la información necesaria para decidir es el pesimismo. De algún modo el pesimismo es lo contrario al ilusionismo y, como generalmente ocurre con los opuestos, en realidad tienen una esencia común. El pesimismo puede llevar directamente a que evitemos actuar: «¿Para qué estudiar y presentarme al examen, si seguramente voy a suspender?». También puede llevar a que deleguemos la decisión en otras personas y a que nos dejemos llevar demasiado por la tutela de otros, lo cual es una forma de evitar la responsabilidad personal de enfrentarnos a un posible fracaso.

Otra consecuencia negativa del pesimismo es que puede llevarnos a un análisis excesivo y repetido de la información disponible y las probabilidades, lo cual dilata eternamente el momento de la decisión (lo opuesto de la impulsividad ilusionista), dando lugar a eso que llamamos la parálisis del análisis. También puede llevarnos a efectuar análisis bajo una perspectiva un tanto obsesiva, temerosa y quejicosa, sufriendo demasiado en el proceso. Querer decidir con una actitud demasiado autoexigente y perfeccionista, con imposibles garantías de que las cosas saldrán bien, suele llevar a esta duda continua y a la tendencia pesimista.

El viejo truco de: «¡Ay, ay, es que me agobio, yo paso, ya si eso, voy al bar, voy a ver Netflix, voy a saltar a la comba invisible! Tengo que hacerlo todo tan perfecto que como eso es imposible, no hago ná».

La posibilidad de que las cosas vayan mal vuelve aquí a ser muy poco soportable, pero en lugar de ponerse una venda rosa en los ojos y lanzarse hacia delante, el pesimista *se arrastra para evitar caerse*, es decir, sobrevalorando la posibilidad de que las cosas salgan mal, intenta inconscientemente esquivar o minimizar el golpe y el dolor de la decepción.

En definitiva, también el pesimismo es una torpe manera con la que intentamos evitar o amortiguar las posibles caídas, frustraciones y derrotas. Al igual que suele ocurrir con las personas con tendencia al ilusionismo, los pesimistas

suelen ser individuos con poca capacidad para aceptar y gestionar esas frustraciones o, cuando menos, con poca confianza en esa capacidad.

Es preciso tener en cuenta, además, que nuestras tendencias ilusionistas, pesimistas y cortoplacistas vienen muy determinadas en general por todas nuestras filias y nuestras fobias, por nuestros afectos, condicionamientos y tendencias emocionales. Solemos distorsionar la percepción de la realidad y poner filtros, tapones y lupas, según el caso, para creer que las cosas son como nos gustan y como nos resulta cómodo que sean. Sin embargo, a la larga, ojos que no ven... guantazo que te pegas.

> En el autoengaño propio del pesimismo, sobrevaloramos la posibilidad de que las cosas salgan mal para, inconscientemente, esquivar o minimizar el golpe y el dolor de la decepción. El hábito pesimista ante nuestras elecciones y decisiones es como optar por ir arrastrado por el temor a caerse.

Rompiendo autoengaños: prepararse para las peores posibilidades

Tomando en cuenta todas estas dificultades y tendencias, resulta que tomar decisiones en la vida sobre la base de una información bastante completa y realista suele resultar algo muy difícil y extraordinariamente inusual. Las personas no somos ordenadores,

> Que no sé por qué aún hay personas que prefieren ser una lechuga sin capacidad de sentir, porque dicen que la sensibilidad daña. ¡Malditos!

ni somos frías calculadoras ni meros detectores de información. Por el contrario, somos cerebros emocionales con muchos mecanismos evolutivos desfasados respecto a los retos y modos de vida de hoy en día. La propensión al autoengaño y a la ficción no es solo una característica muy humana, sino que es, de hecho, lo que esencialmente diferencia a los humanos de los demás homínidos, la característica que mejor nos define. Pero ser conscientes de todo ello es un primer gran paso. Cuando estamos atentos a detectar nuestros vicios y sesgos, podemos empezar a hacer algo al respecto; cuando empezamos a vigilar honestamente (con curiosidad, anhelo de verdad y humildad) nuestros posibles autoengaños, estos empiezan a reducirse,

y cuando idealmente llegamos a ser plenamente conscientes de nuestros autoengaños, entonces ya no es posible seguir engañándose, ni nos apetece hacerlo. Quizá sea esta una de las principales condiciones definitorias de la madurez psicológica.

Cultivar la conciencia y el autoconocimiento son aquí la única medicina posible. No obstante, aplicarla es más complicado de lo que parece, porque también podemos tomar muchas decisiones y acceder a mucha información que nos encamina a una verdadera ilusión ingenua de conciencia y autoconocimiento, es decir, a un falso autoconocimiento. Nuestras distorsiones y limitaciones mentales también actúan cuando nos enfocamos en combatir nuestras distorsiones y limitaciones. ¡No desesperemos! Saber lo poco que sabemos es un primer gran paso y un acto de sabiduría.

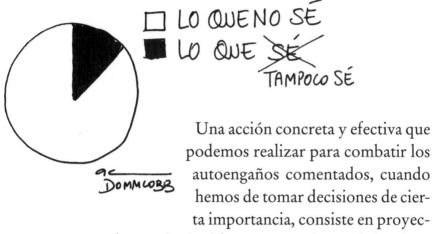

Una acción concreta y efectiva que podemos realizar para combatir los autoengaños comentados, cuando hemos de tomar decisiones de cierta importancia, consiste en proyectarnos mentalmente hacia el futuro por cada una de las alternativas en juego. Trataremos de imaginar de continuo las situaciones más desfavorables que podrían ir dándose en el curso del tiempo y, en cada caso, cómo iríamos encarándolas y gestionándolas de la mejor manera posible. De este modo nos obligamos a avanzar mentalmente en el tiempo más allá de un periodo cortoplacista. Del mismo modo nos obligamos a mentalizarnos y prepararnos para la posibilidad de que esa decisión se tuerza y las cosas no salgan conforme a nuestras expectativas. Dado que el ilusionismo y el pesimismo se ven motivados en buena medida por la dificultad para encarar los fracasos y las caídas, el trabajo común para reducir esas tendencias consiste en prepararse anticipadamente para esa posibilidad de frustración y derrota, de forma que esta pierda cierto dramatismo. *¿Qué es lo peor que puede ir pasando en*

caso de que las cosas vayan mal?, ¿cómo lo afrontaría?, ¿qué debería hacer en tales casos?, ¿qué sensaciones noto que me produciría?, ¿hasta qué punto me resultaría más o menos afrontable y soportable? Podemos avanzar por la opción A haciéndonos estas preguntas, y después por la opción B, y así por cualquier otra que haya. En la medida en que vamos así preparándonos para afrontar del mejor modo posible los peores derroteros hacia los que pueda ir llevándonos cada alternativa, el ilusionismo y el pesimismo se reducen, porque nos esforzamos en mirar a la realidad de frente. Entiéndase: la realidad no es que vayan a suceder esas cosas; la realidad es que es más o menos posible que ocurran y, por tanto, es realista contar con esas posibilidades y capacitarnos lo mejor posible ante ellas.

Quizá estás pensando... ¡Madre mía, pues no necesito tiempo yo ni *ná* para todo eso! Y sí, efectivamente, necesitamos más tiempo, más calma, más rato con nosotros mismos. Por eso odiaba tanto aquel anuncio en el que la protagonista decía, antes de un viaje en tren: «¡Qué bien, tiempo para reflexionar!» y, a los dos segundos soltaba un «¡ale, pues ya he reflexionado!». Anunciaban una potente conexión a internet que le permitiría ver todas las series que se le ocurrieran.

Pues así es como la maquinaria sigue su curso, como el sistema se mantiene: No pienses, anda, que no sabes. No pienses, anda, que lleva mucho tiempo y es fin de semana y el lunes está aquí y tienes que trabajar y luego estarás muy cansado. Es así como vamos postergando una y otra vez el encuentro con nosotros mismos, dejando para los últimos días de nuestra vida (como si supiésemos cuáles son los últimos) lo de ponernos de frente a ese desconocido que se llama como nosotros y que aparece en el espejo todas las santísimas mañanas.

Cuando algunas personas me dicen que es muy difícil conocerse, averiguarse, descubrirse y quererse a uno mismo, yo solo acierto a decir que más bien es un trabajo largo. Que ocupa tiempo, que es un proceso, que es una aventura y un extenso camino de descubrimiento. No es difícil ser uno mismo, es solo que requiere tiempo y dedicación.

Cuando hacemos este trabajo personal de proyección en el futuro, estamos calibrando las distintas alternativas de decisión considerando no solo cuál de ellas puede ofrecernos los mejores resultados si las cosas van como esperamos, sino también cuál sería más soportable y menos dañina si las cosas van mal. Debemos considerar ambas cosas. Decidimos buscando lo mejor, pero también intentando eludir lo peor. Dependiendo de nuestra tendencia al conservadurismo, o al riesgo, podemos optar por la que consideramos mejor alternativa en caso de que las previsiones positivas se cumplan o bien por la alternativa menos dañina en caso de que se cumplan las posibilidades negativas. En cualquier caso, al hacer esto nos abrimos a una información más completa y por tanto más realista sobre las consecuencias y las probabilidades. Cuando nos debatimos entre varias opciones y nos sentimos agobiados por no saber qué hacer, este tipo de trabajo personal de proyección al futuro, insistiendo en las preguntas del tipo: ¿y qué es lo peor que puede ocurrir si pasa esto?, ¿qué haría y sentiría yo si eso ocurre?, puede ser muy clarificador para decantarnos por una u otra vía.

Ahora imagina el siguiente caso hipotético: una persona debe decidir entre dos opciones de inversión para su dinero. La primera posibilidad es un negocio que, en caso de ir bien, la puede hacer realmente rica, pero en caso de ir mal, lo cual estima como menos probable, pero aun así posible, la puede llevar a una auténtica ruina. La otra alternativa es invertir en otro posible negocio que en caso de ir bien le puede proporcionar unas ganancias moderadas, pero en caso de ir mal no la dejaría tan mal parada. La experiencia dice que, en casos así, para la mayor parte de la gente, la mejor decisión suele ser la más conservadora, es decir, la que en caso de ir mal puede gestionarse y soportarse mejor. Sin embargo, siempre somos libres de adoptar una elección más arriesgada en función de nuestros criterios personales... siempre que lo hagamos de manera consciente y, por tanto, siempre que luego no nos quejemos mucho en caso de perder la apuesta. Era una posibilidad que había que asumir.

¡Ohhhh, la quejaaaaa!, esa gran aliada.

El problema de la inconsciencia y de la irresponsabilidad se da cuando apuestas por el primer negocio y, en caso de ruina, aparecen los lamentos, las quejas, los arrepentimientos y, tal vez, las depresiones.

TIRA P'ALLÁ...

Claro que puedes quejarte, estás en tu derecho, pero sobre todo puedes quejarte lejos, por favor, hazlo lejos de los demás. O busca algún grupo de apoyo de quejicas anónimos. Seguro que lo hay.

Tanto el cortoplacismo, como el ilusionismo y el pesimismo, se pueden reducir poderosamente si nos preparamos de forma concienzuda y anticipada para la posibilidad de frustración y derrota, de forma que esta pierda cierto dramatismo. Las preguntas clave aquí para repetirse son: *¿Y qué es lo peor que puede ocurrir si me equivoco?, ¿y qué podría yo hacer en tal caso?*

Este trabajo ayuda a clarificar cuál de las alternativas es más viable para nosotros, pues nos sentimos más capaces de gestionar sus posibles consecuencias.

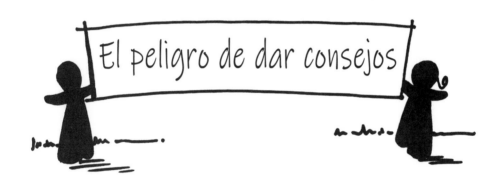

Intenciones y resultados

La psicología popular está llena de afirmaciones que, pareciendo lógicas y sensatas, no lo son tanto, más bien suponen una colección de medias verdades y mitos generalizados, peligrosos y, en ocasiones, eso sí, muy bien sonantes. Algunos de ellos tienen que ver con el valor del sacrificio propio en beneficio de las personas a las que amamos. Si bien cada persona está en su derecho de sacrificarse, esforzarse y sufrir lo que estime conveniente para beneficio de otros, el beneficio real que les aportamos a esas personas está en la mayoría de las ocasiones mitificado. Así, resulta enormemente frecuente que ese sacrificio y sufrimiento solo consiga aumentar, más que reducir, las carencias y el sufrimiento de la persona por la cual nos esforzamos y sacrificamos.

Conviene señalar la base misma de la importancia y el valor que se le da al sufrimiento. Muchas de las acciones que emprendemos están basadas en la creencia de que está bien sufrir, como si hubiéramos venido a esta vida a pasarlo francamente mal, si no, ¿pa'qué? Topo con demasiadas personas que cuando les preguntas cómo les va la vida, se apresuran en contestar: aquí, luchando. Luchando. Qué necesidad, ¿no? Pero parece que el nivel de dolor (del que otras veces huimos y corremos despavoridos cuando aparece) fuese un baremo imprescindible para saber cuánto hemos aprovechado nuestra existencia. ¿No te suena, por ejemplo, que cuanto más sufre uno amando a su pareja, parece que la quiere más? Pues eso.

Dale una vuelta, anda, si total, no tienes otra cosa que hacer.

Dicho de otro modo: es muy frecuente que nos sacrifiquemos y autolimitemos con el ánimo de ayudar y potenciar a alguien a quien queremos, pero que lo que consigamos sea limitarnos y hundirnos más los dos. ¿Dónde está la ganancia? De hecho, en ningún lado, si lo miramos de un modo global, a largo plazo, aunque pueda reportar momentos de complacencia y tranquilidad cortoplacistas.

Quiero señalar, con especial énfasis, que hay muchas personas que no contemplan la posibilidad de que no les digas lo que tienen que hacer. De verdad, hay un montón, están por todas partes. En los últimos tiempos he dado con algunas personas que pedían casi a gritos que les dijera mi opinión al respecto de un asunto que solo les concernía a ellas. Y yo, muy digna con mi coherencia, incapaz de decirles nada porque, entre otras muchas razones, cómo voy a saber yo lo que haría en una situación que no estoy viviendo (podría imaginar mi respuesta a nivel intelectual, pero qué me dices de todo lo que emocionalmente conlleva vivir un acontecimiento en primera persona), y ellas: «Ya, ya, pero ¿tú qué harías?». Y dale Perico al torno.

Una cosa te digo, no es nada fácil hacerle ver a las personas que el poder, la autonomía y la autoridad siempre están dentro de uno mismo y no en otro lugar. Condicionados por la estructura de pensamiento que han utilizado durante toda su vida, salir del paradigma les resulta tremendamente complicado.

Podemos decir, por tanto, que ser buena persona, o lo que habitualmente se entiende como tal (persona de corazón noble y muy entregada hacia los demás) está sobrevalorado. Para entender por completo esta afirmación es muy importante comprender que gran parte del sufrimiento del mundo también está alimentado por infinidad de estas supuestas buenas personas.

¿Cómo se explica lo anterior? Porque la intención que mueve nuestros actos es una cosa muy diferente al conocimiento y habilidad que ponemos en ellos. Un acto de intención noble, ejercido con una pobre comprensión de su naturaleza e implicaciones, puede ser profundamente lesivo, dañino. En un sentido práctico, tan importante como la motivación por la que actuamos es el conocimiento y habilidad con que lo hacemos.

Así, al evaluar nuestras propias acciones o las de los demás podemos caer en *dos errores contrapuestos*:

De un lado, tenemos *el error de buscar justificación a los actos (propios o ajenos) únicamente por el hecho de que se realicen por el bien del otro*. Ello, por sí mismo, no los hace menos dañinos, por lo que la justificación no es válida. En este caso, debemos intentar buscar otras acciones más acordes con la intención que nos mueve.

En el otro lado, *el error consiste en enfocarnos excesivamente en las consecuencias negativas de los actos (tanto ajenos como propios), perdiendo de vista el contexto de las intenciones profundas que los mueven*. De ese modo surgen sentimientos negativos de rabia, culpabilidad o desprecio, lo que conlleva una manera poco efectiva de enfrentar los conflictos y las actitudes que nos irritan. Podemos ser comprensivos y agradecidos con las intenciones de las personas que sabemos que pretenden ayudarnos y, a la vez, amablemente firmes en poner límites a sus conductas si consideramos que son perjudiciales para nosotros.

¿Y qué relevancia tiene todo esto en el capítulo dedicado a los consejos? Pues poner de manifiesto que, aunque parezca una contradicción, desde un punto de vista práctico existe información contrastada para que debamos aconsejar enfáticamente al lector que no dé consejos, ya que en la práctica totalidad de los casos se trata de un importante error, una torpeza generalmente bienintencionada que daña y limita a la persona a la que aconsejamos. Podemos decir que se trata de un buen ejemplo de acto con buena intención, pero con consecuencias negativas. Sin embargo, otro de los mitos de la psicología popular es que dar consejos es propio de buenos amigos, de buenos padres y en general de buenas personas. De este modo, se convierte en un acto erróneo, pero socialmente aceptado e incluso promovido.

Ha de tenerse en cuenta que, del mismo modo que lo que te apetece hacer (cortoplacistamente) no necesariamente coincide con lo que te conviene, hacer por los demás todo lo que podemos y dar por ellos todo lo que tenemos, habitualmente no es algo conveniente, ni fortalecedor ni verdaderamente protector para esas personas. Nuevamente, cuando se trata de alternativas para ayudar a otros, la pregunta para decidir qué hacer no es binaria en términos de dar o no dar, sino que se trata más bien de cómo, cuánto, dónde, a quién... Y, específicamente, dar consejos es una inapropiada forma de dar a los demás.

> Dar consejos a los demás puede ser un acto movido por una buena intención, sin embargo, nuestro escaso conocimiento de la naturaleza e implicaciones de ese acto hace que podamos no ser conscientes de que en general se trata de algo bastante más dañino que beneficioso.

Los asuntos sobre los que las personas tienden a dar consejos son de lo más variado: los padres suelen ser unos grandes repartidores de consejos a sus hijos, a quienes pueden repetir hasta la saciedad lo que deben comer, que se pongan una chaqueta para el frío, con quién no deben juntarse, qué estudios les conviene seguir, lo que no deben fumar, incluso cómo han de educar a sus propios hijos y todo lo que, como padres, supuestamente saben que les conviene hacer. También entre amigos o compañeros intentamos ayudarnos mutuamente con consejos más o menos importantes o triviales, como:

«Tienes que ver esa película»,

«escríbele un mensaje y mándalo a paseo»,

«tienes que invertir en bitcoins, ¡no seas tonto!»,

«éntrale ya a la chica», o

«ese trabajo no te conviene, busca otra cosa».

Pareciera que las personas que nos aprecian no solo desean que la vida nos vaya bien y seamos felices, lo cual es de muy de agradecer, sino que también tienen claro lo que debemos o no hacer para serlo. Aquí empiezan los problemas. Por ello debemos buscar otras formas de ayudar a quienes están confundidos, o a quienes nos parece que están descontrolados, perezosos o inapropiadamente rebeldes. Nos referiremos más adelante a esas alternativas más adecuadas y mejor alineadas con la intención de prestar una ayuda real.

> Cuando los consejos son más triviales, el daño solo es más trivial. Por ello solo hay un tipo de situaciones en las que puede estar justificado dar consejos: en situaciones de emergencia, cuando se requiere una acción urgente que puede tener consecuencias importantes, y no hay tiempo de aplicar una estrategia alternativa.

«¡No metas los dedos en el enchufe!», es una orden de este tipo. Pues bien, incluso en este tipo de situaciones, una vez superadas debemos dar siempre las explicaciones y la información pertinente sobre el porqué de ese mandato a la persona afectada.

Ni que decir tiene que muchos de los psicólogos que pueblan el mundo de consultas con cartel en la puerta hecho con el Photoshop son algunas de las personas que actúan así.

Conozco a un tipo que se separó de su mujer a la hora y en el día indicados por su psicóloga. Tal cual. «El viernes tienes que hacerlo, por la tarde». Y allá que fue el menda. Me lo contaba después con orgullo y satisfacción: «Menos mal que le hice caso a mi psicóloga». Y nada, eso, que así va el mundo.

Motivos para no ofrecer consejos

Hasta ahora nos hemos limitado a insistir sobre la inconveniencia de ofrecer consejos a quienes nos rodean. En las siguientes páginas analizaremos los motivos por los que no es un acto eficaz si nuestro deseo es ayudar a los demás.

El consejo debilita las capacidades y recursos de quien lo recibe

La premisa, aparentemente contraria al sistema educativo vigente (no me refiero solo a la educación en colegios sino también a lo que entendemos hoy en día por criar/educar en casa y en familia), es potenciar el valor y la hegemonía del individuo frente a la autoridad externa que viene desarrollándose en nuestro modo y estructura de vida. La base es ayudar a descubrir a la persona su propia valía, su soberanía, su hegemonía íntima e individual. Por el contrario, en la actualidad, una razón por la cual podemos ser tan proclives a dar consejos o a recibirlos, es que *no tenemos ni idea de nada* y tiene que venir siempre a salvarnos, protegernos, cuidarnos o ayudarnos a hacer cosas algún elemento externo con más autoridad que nosotros mismos.

Damos consejos porque creemos que son lo mejor para el otro, y lo que queremos recalcar es que *lo mejor para el otro* es precisamente descubrirse, responderse, atreverse, arriesgarse, medir, valorar y responsabilizarse de sí mismo y de sus situaciones de vida.

Cuando aconsejamos a otras personas sobre qué decisiones deben tomar y qué comportamientos sería bueno poner en marcha estamos «dándoles pescado», pero no las estamos «enseñando a pescar». Incluso si el camino que le ofrecemos es adecuado para esa persona, lo que resulta peligroso es que de ese modo no le estamos enseñando a detectar, analizar y elegir su camino. No le enseñamos por tanto a valerse por sí misma; es decir, si bien la decisión a la que orientamos a la persona puede ser correcta y ahorrarle algunos quebraderos de cabeza, estamos perdiendo de vista algo mucho más importante y básico, como es el hecho de que impedimos aprender una de las habilidades fundamentales para la vida: *comprender la realidad (dentro de todas las percepciones posibles que tenemos de ella) y tomar decisiones para moverse por ella, así como la capacidad de tomar iniciativas y ser único en su creatividad.*

Esas capacidades y recursos que tienen que ver con el desarrollo de la autonomía, la autorresponsabilidad y el saber llevar a cabo un buen proceso de toma de decisiones continuas en la vida son recursos y capacidades cuyo valor está muy por encima de tomar unas elecciones concretas u otras. Del mismo modo que a andar solo se aprende andando, o a tolerar la frustración solo se aprende frustrándose progresivamente, *a ser autónomo, responsable y capaz de decidir y asumir las consecuencias de esas decisiones solo se aprende tomando las propias decisiones y asumiendo sus consecuencias.*

Un ejemplo clarificador de esta situación es la creciente moda en los últimos años de acompañar a los hijos en la realización de las tareas escolares o en la preparación de los exámenes, con el ánimo de ayudarlos a superar mejor el curso. Aunque es probable que ese objetivo inmediato se consiga, es fácil comprender que podemos provocar otras consecuencias negativas, consistentes en un mal aprendizaje y una escasa autosuficiencia de cara a sus estudios futuros, cuando no estemos ya a su lado haciendo parcialmente sus tareas y preparando sus exámenes.

Este ejemplo ilustra perfectamente el peligro de dar consejos y opiniones sobre cómo otra persona debe actuar. Si realmente queremos ayudar a nuestro hijo con las tareas escolares, más bien debemos centrarnos en proporcionarle información y explicaciones sobre cómo funciona la materia que está trabajando. De este modo, será él quien se esfuerce en entenderla y en buscar las soluciones. Se equivocará con toda seguridad, con lo que podrá analizar sus errores y aprender de ellos. Recordemos en este punto que obtener información sobre las alternativas y la naturaleza de la materia sobre la que hay que decidir es uno de los elementos clave en el proceso de toma de decisiones.

Es curioso cómo a lo largo de la vida vamos escogiendo como autoridad a los diversos personajes que nos rodean: empezamos dándole valor a la opinión y al modo de hacer de nuestros padres cuando somos pequeños (es lógico que los primeros años en los que nuestra dependencia del entorno es esencial para sobrevivir, la autoridad la tengan ellos, pero deja de serlo cuando comenzamos a ser adultos), y vamos mirando con el paso del tiempo, a la maestra de primaria, a los profesores del instituto, al delegado de turno, a la catequista del pueblo, a la orientadora en la universidad, a los abundantes jefes que nos pagan, a los amigos sabelotodo, parejas o hasta, cómo no, los cuñados y los suegros. Incluso resulta llamativo el momento en el que, no sé sabe muy bien a qué edad concreta, la autoridad que tenían los padres sobre la vida de los hijos se da la vuelta y progresivamente son los hijos los que van alcanzando la autoridad sobre los padres cuando estos van haciéndose mayores («no levantes peso», «no salgas si hace frío», «no limpies toda la casa tú sola», «no cuentes, no digas», «no vayas solo al huerto»).

Esto pone de manifiesto que es el poder el que va cambiando de lugar todo el rato, sin centrarse en un solo punto (uno mismo) alrededor del cual vaya girando la vida. El caso es no hacernos responsables nunca de nada, aunque para ello sea el vecino del quinto el que tenga que hacerse cargo de nosotros.

Tal vez por eso, otra de las ramas que se derivan de esta forma de conducta, sea ese apabullante miedo a la soledad que tenemos *tooodo* el rato. Normal, a ver quién se queda solo si, desde el tuétano a la coronilla, pensamos y sentimos que no sabremos sacar adelante nuestra miserable y lamentable (*perdóóóón*) vida.

Debilita el sentimiento de autoconfianza y seguridad personal del otro

Además de impedir que la otra persona desarrolle sus propios conocimientos, capacidades y recursos, al ofrecerle consejos estamos también lesionando seriamente su autoconfianza y sentimiento de valía personal. Es decir, no solo impedimos que desarrolle y entrene sus capacidades, sino que también disminuimos la confianza en sí mismo, en las capacidades que efectivamente tiene o podría desarrollar. Sigamos con el ejemplo de hacer excesivamente las tareas escolares que corresponden al niño: no solo le impedimos aprender adecuadamente a manejar sus propias tareas, sino que al mismo tiempo lo estamos degradando y rebajando como persona. Es una inconsciente pero profunda falta de respeto. Aunque el mensaje de nuestra noble intención llega de manera explícita al niño como un «te quiero, te ayudo y te apoyo», hay otro mensaje no pretendido, pero muy potente, que llega igualmente al subconsciente del niño como «*eres tonto e incapaz de aprender y concentrarte por ti mismo. Si no estoy yo encima de ti guiándote no eres capaz de hacer ni la o con un canuto*».

¿Pretende algún padre transmitir este mensaje a su hijo? Seguro que no. Pero lo transmitimos con enorme frecuencia con consecuencias como la aparición de complejos, baja autoestima, excesivo miedo a equivocarse, altos niveles de autoexigencia, etc. Los psicólogos que trabajamos con adultos, como es mi caso, vemos continuamente a personas cuyas dificultades emocionales provienen de ese tipo de control y sobreprotección. Dar consejos resulta por tanto una manera lesiva de sobreproteger. Toda forma de sobreprotección transmite este tipo de mensajes dobles, contradictorios: uno amoroso y positivo, y también otro inconsciente pero igualmente poderoso que es degradante e insultante. Son estos mensajes dobles los que nos rompen emocionalmente.

Quiero resaltar un insultante ejemplo de lo que mencionamos (está pasando, por mucho que siga yo con los ojos de par en par cual muñeco de WhatsApp desde que me enteré hasta la actualidad).

Hay casos en los que el poder de los hijos (ya adultos) sobre los padres es tan abrumador que llegan a ocultarles la muerte de un hijo. Imaginemos una familia de padres y cuatro hijos en la que uno de los hermanos fallece. Pueden pasar días, semanas e incluso meses en los que los hermanos vivos (claro, el muerto ya no puede pronunciarse el pobre) deciden no contar a los padres o a alguno de ellos que el hermano HA MUERTO.

Entiendo la esencia en la que se basa esta decisión, bien explicada en los párrafos anteriores, pero dime, ¿hay algo más obsceno que adueñarse de los sentimientos del otro?, ¿hay algo más incapacitante para otro que decidir por uno mismo lo que se le puede o no comunicar?, ¿qué mierda'concepto deben tener de la madre/padre para suponer que no van a poder enfrentarse a semejante tragedia?, ¿qué respeto están concediendo a la otra persona, decidiendo unilateralmente no transmitirle una verdad de semejante calibre?

Quizá les parezca extremo este caso, que por desgracia no es único, pero es mucho más habitual y socialmente aceptado que incluso se les oculte a los padres mayores cualquier operación o divorcio o malestar o enfermedad que tenga uno de los hijos. Ese «es para que no sufran» me parece de lo más soberbio y narcisista del mundo mundial, como si uno supiera de la escasa capacidad de los mayores (mucho más doctos, sabios y curtidos en las cosas de la vida) que quien lo está decidiendo.

Nada, que no, que no me convencéis.

Así que cuando damos consejos a los demás y opinamos sobre cómo deberían actuar, les estamos transmitiendo el mensaje sutil de que ellos no son capaces de tomar sus propias decisiones ni de comprender cómo funcionan las cosas, que no son capaces de aprender responsablemente de las consecuencias de sus actos y de ejercitar su propia libertad. Con frecuencia, irónicamente los criticamos después porque no maduran y no se hacen responsables, perdiendo de vista que no es más que el resultado en bucle de nuestra forma de enseñarles.

La probabilidad de errar en un consejo es mayor de lo que se cree

Además de todo lo anterior, *es probable que ni siquiera el pescado que le damos a la otra persona sea lo que en ese momento necesita comer.* Que a nosotros nos guste mucho y nos parezca muy nutritivo no significa que tal vez el otro sea intolerante al pescado o que necesite en este momento otros nutrientes. Dicho de otro modo, según nuestra personalidad, experiencia, cultura y criterios de decisión creemos saber con bastante claridad lo que al otro le conviene hacer, pero no es nada fácil identificar si eso es acorde con las circunstancias, temperamento, talentos, necesidades profundas y criterios de decisión del otro. Solemos decir que las decisiones son trajes a la medida de quien las toma, pero en realidad esto es algo que se asume mucho más en la teoría que en la práctica. Retomando nuestro ejemplo del padre que ayuda a su hijo con las tareas escolares, es probable que ni siquiera se estén realizando correctamente esas tareas, aunque el padre crea estar seguro de que sí, sin tener en cuenta de que puede tratarse, por ejemplo, de ejercicios muy personalizados.

Añadiría, si se me lo permite (ahora es cuando el lector dice: «Nooo, no te lo permitoooooo», y a ver qué hacemos, porque lo voy a escribir igualmente), que precisamente porque el consejo es un *traje a medida*, sería adecuado advertir que cuando alguien nos arrincona, perdón, nos aconseja sobre algo, la premisa es que esa persona tal vez sea la que necesita esas malignas palabras que salen por su boca.

Ejemplo, conozco yo a un tipo que cada vez que le hablo de mis tareas y quehaceres diarios me dice: «Bueno, tú no te estreses», como si esa fuese una posibilidad para mi cabeza. Generalmente no me estreso porque... bueno, por las razones que sean, tampoco voy a contar aquí todo lo que aprendí yendo a mis terapias y gastándome las perras, pero me temo que es él el que necesita no estresarse por las múltiples tareas que amontona sobre los hombros a diario.

Otro ejemplo sería el del famoso consejo que parece estar en el top: «Bueno, pero tienes que ser fuerte», como si fuese yo una luchadora de sumo, cuando cuento algo que me ha dolido o por lo que me he sentido triste.

«No te exijas tanto», dicen otros. Espere usted un momento, deje de exigirse a sí mismo y deje de una vez de proyectar sus carencias y mierdas sobre mí.

«Que me dejéis, coño», podría ser una buena respuesta genérica para los perla-consejos externos. Suaviza tú si quieres la frase, pero tenla como posibilidad para contestar. Gracias, de nada, amén.

ROGAMOS ENCARECIDAMENTE QUE
PONGAN ESTAS SEÑALES POR LAS CALLES...

*Aconsejar puede esconder problemáticos
motivos ocultos para hacerlo*

Por si todo lo anterior no fuera una argumentación suficiente para rehuir el dar consejos a los demás, resulta que detrás de la noble intención de ayudar, suelen esconderse otros motivos que en realidad sirven a nuestros propios fines, bastante menos nobles, más vergonzantes y difíciles de reconocer, por lo cual los dejamos en el terreno de nuestro subconsciente en un verdadero acto de autoengaño. Pero ya hemos señalado que, aunque los autoengaños son inconscientes por definición, casi nunca lo son del todo. Por ello es preciso hacer el ejercicio de mirar a nuestro interior con honestidad y valentía para identificar y reconocer este tipo de motivaciones inconscientes.

Por ejemplo, al ofrecer consejos podemos ser también sutiles y ofrecerlos de manera encubierta al modo del humorista Gila en su popular monólogo, en el que caza a un asesino presionándolo con indirectas hasta que este confiesa: «Alguien ha matado a alguien...», «alguien aquí es un asesino...». Del mismo modo, al dar consejos podemos decir: «No te estoy dando consejos, solo te doy mi opinión», «¿por qué no haces... lo que sea?», «tú haz lo que quieras, pero yo creo que...». Aunque usemos el lenguaje con cierta elegancia y no digamos cosas como «tienes que hacer esto o lo otro», o «deberías hacer o no hacer tal cosa», aconsejar en cualquiera de las formas es una manera de controlar a los demás, de someterlos a presión y obligación. De alguna manera, le es-

tamos transmitiendo a la otra persona que está en deuda con nosotros y que, si no hace lo que decimos, no solo se va a equivocar sino que también nos va a disgustar. Dar consejos es una excelente manera de enseñar a la otra persona el sentimiento de culpa (una de las estrategias de control más comunes), el miedo al error, y a que cargue con las necesidades, expectativas y sentimientos de uno mismo.

A menudo, este ánimo encubierto de controlar al otro no deja de ser una forma de que actúe de tal modo que solucione nuestros propios problemas, nuestras frustraciones, nuestros miedos o las expectativas de nuestro orgullo. En los casos más claros vemos a esos padres que inducen a sus hijos a que estudien determinadas carreras universitarias, o a que se esfuercen y obtengan mejores resultados en los deportes, en la música o cosas por el estilo. Esos hijos soportan el peso de ser utilizados inconscientemente como una fatídica «terapia» para las frustraciones, las inseguridades y los orgullos de sus padres.

Otro buen ejemplo de motivaciones ocultas es esa persona celosa que controla ciertos movimientos de su pareja para mantener a raya sus propios miedos e inseguridades. También el caso del amigo, la pareja o el padre que nos hace dependientes de su consejo y tutela para que no los dejemos solos, de modo que alimentan nuestra dependencia y necesidad de ellos porque, en realidad, son ellos quienes dependen de nuestra presencia en su vida.

Exigimos desde este *humildérrimo* libro la creación de algún ministerio o concejalía o... ¡uy, no!, mejor una consejería de...

Espera un momento, ¿estarán basadas las consejerías actuales en esta premisa *consejil* que tan bien se le da al ser humano? Se me acaba de ocurrir, pero en realidad esos organismos lo único que hacen es eso, aconsejar a la plebe, míseros ciudadanos que no tenéis *ni idea de ná*, de cómo se deben hacer ciertas cosas. Ay, paupérrimos individuos civiles, pueblo inculto, zafio e ignorante, si no fuera por el estado y sus tentáculos de pulpo, ibais a saber vosotros cómo administraros, cómo organizaros, cómo estableceros, cómo coordinaros...

Basta.

Una cosa os digo, o nos ponemos las pilas, mediante este libro o mediante terapias o mediante... lo que sea que nos lleve a conocernos y erigirnos soberanos de nuestra propia vida, o siempre estaremos al margen de nosotros mismos otorgando autoridad al primero que pase por delante.

Siempre he defendido que lo que le ocurre a un ser humano, en su individualidad, o en su pequeña red social, es la esencia de lo que se ve en grandes grupos, en la sociedad. Creo que así de importante y significativa es nuestra forma de vivir, nuestro mundo, porque de él se derivará la forma de organizarnos que tendremos como colectivo. Cuando apreciemos la escasa eficacia del consejo externo y potenciemos nuestro *poder personal*,

menos tolerancia ofreceremos a quienes, desde un púlpito elevado y erguido, nos digan lo que tenemos que hacer, se llame vecino, padre, alcalde, doctor, cura, gurú de turno o presidente de esta nuestra comunidad. Amén.

Hay otros motivos poco honestos y poco conscientes para dar consejos a los demás, pero que ocurren de forma habitual. Uno de ellos es nuestro deseo de despertar la admiración y agradecimiento en nuestros amigos por nuestra sabiduría y «generosa» ayuda. También hay ocasiones en las que lo que buscamos en el fondo es que se sientan inferiores (para así nosotros sentirnos superiores) o, por último, podemos intentar dar consejos por simple afición inconsciente al cotilleo, al morbo, por disfrutar metiéndonos en los asuntos de los demás.

Si queremos ser honestos con nosotros mismos y con la persona a la que pretendemos ayudar, es conveniente tomarnos un tiempo para mirar hacia nuestro interior, con el fin de identificar nuestras verdaderas motivaciones.

Alternativas a los consejos

Si en verdad queremos ayudar a los demás a conducirse por la vida, hay por tanto formas mucho mejores de hacerlo que darles consejos y opinar sobre cómo deben comportarse. Las alternativas pasan por tomar en cuenta una serie de pasos y actitudes, no necesariamente sencillas, pero que tenemos la responsabilidad de cultivar si hay una verdadera vocación de ayuda. Cuando se trata específicamente de niños pequeños hay ciertas peculiaridades y matices que pueden hacer dudar al lector, y resultarle más complejo entender cómo aplicar con ellos estas pautas y evitar los consejos. Por ello, repararemos también en algunas comprensiones y matizaciones que son precisas respecto a los niños.

Tomar distancia emocional de los problemas de la otra persona

No se trata de dejar de ayudar y de estar disponible para nuestros familiares, amigos o compañeros, no se trata de darles la espalda ni de dejar de amar a quienes amamos, sino de ir asumiendo que no somos responsables de su vida, que sus necesidades y expectativas no son las nuestras, ni viceversa. Las dificultades y problemas de cada persona son intransferibles. Se trata de respetar la individualidad y la libertad de los demás, de comprender que eso, en sí mismo, es un acto de amor.

En el caso de los hijos, aunque los padres son los primeros responsables de la educación y desarrollo de esos niños, nunca tendríamos que perder de vista que el propósito fun-

damental de la tutela y guía paterna es que esas personitas aprendan a dejar de necesitar guías y tutelas. Los hijos dependen de nosotros para que los ayudemos a construir su libertad y autonomía, para que aprendan a volar solos fuera del nido; *nos necesitan para llegar a dejar de necesitarnos.* Lo que permanece después de una educación apropiada es el amor, no la relación de necesidad y dependencia.

Lo malo, querido Pedro, es que ya sabes tú la confusión que hay hoy en día en este aspecto. El amor, ese gran desconocido, ese enredo actual en el que la gente (ese ente indefinido) cree que depender es amar. Los *depen-denamorados* se podrían llamar ahora.

La misión de una buena paternidad no es tanto dar felicidad y ahorrar sufrimiento a los hijos como capacitarlos para que eso sea duradero, para que sepan gestionar su propia felicidad y sufrimiento más allá de nosotros.

Es preciso tener en mente lo anterior para comprender el sentido adecuado de tomar distancia de los problemas de los demás, incluso cuando estas personas son niños pequeños. El hombre primitivo traía la carne de caza para sus hijos que no eran capaces de obtenerla, pero, al tiempo, iba enseñándoles progresivamente las habilidades de la caza. En esta combinación y graduación está el arte de ayudar a los que aún dependen de nosotros. Desde luego que un niño pequeño necesita mucha instrucción y consejos directos en todo tipo de situaciones: cómo ha de comer, cómo ha de vestirse, cómo ha de cruzar la calle, etc., pero, obviamente, todas esas instrucciones directas y consejos han de ir retirándose de forma progresiva, en la medida en que el niño va desarrollando su propia capacitación. Cuando le enseñamos a montar en bicicleta, es frecuente utilizar esas bicicletas que llevan detrás dos rueditas pequeñas a los lados para evitar que se caiga, pero en la medida en que desarrolla el equilibrio necesario debemos retirar esas rueditas suplementarias. El centro de la cuestión es cuándo es el momento de introducir las ayudas y consejos directos, y cuándo es el momento de retirarlos.

Conozco a padres que, si por ellos fuera, se convertirían en rueditas de bicicleta para acompañar a los hijos en todo lo que hagan hasta el día del juicio final por la tarde.

Debemos ser conscientes de que si el niño carece excesivamente de estas ayudas y guía sentirá un abandono, desprotección y falta de amor que, aunque con toda probabilidad le llevarán a madurar más rápido en ciertos aprendizajes (porque no tiene más remedio que esforzarse en valerse por sí mismo), también crearán una serie de dificultades y secuelas emocionales que debemos evitar. Por el contrario, si estas tutelas y protección se retiran demasiado tarde y el niño debe esforzarse poco en sus propias iniciativas, los aprendizajes necesarios para la vida, así como la confianza en los propios recursos y capacidades, tal como describíamos antes se verán igualmente limitados. Por tanto, cuando decimos que no hay que dar consejos a los niños debe entenderse en este marco de equilibrio. Sin embargo, es preciso señalar que en general se tiende a un exceso de consejos y de control, debido a los propios miedos y motivaciones de los padres. Por lo general, la situación viene agravada por el hecho de que las explicaciones e informaciones que el niño recibe junto a los consejos suelen ser deficitarias, y no le permiten integrar adecuadamente los razonamientos que hay detrás para hacerlos verdaderamente suyos.

Es cierto que los problemas de los niños son también los problemas de sus padres y profesores, pero deben ir dejando progresivamente de serlo y convertirse en sus propios problemas, que deben gestionar con sus propias elecciones y cometiendo sus propios errores. Ir tomando distancia de los problemas de los demás pone de manifiesto no nuestra desidia, sino nuestro respeto por ellos y por la necesidad que tienen de tomar sus propias decisiones, así como de desarrollar sus propias capacidades y autoconfianza. Con esta actitud evidenciamos que nos importan lo bastante como para no intervenir en sus asuntos y permitirles experimentar las consecuencias de sus comportamientos. No existe fórmula más natural y efectiva para promover el aprendizaje que esa. Tomar cierta distancia de los problemas de los demás es un acto de amor y de respeto hacia ellos.

Al contrario de lo que pueda parecer, el mayor riesgo de herir los sentimientos de los demás y de que se deteriore la relación con ellos no se da por este distanciamiento, sino precisamente cuando queremos seguir controlándolos con nuestros consejos y tutela. Si recordamos lo que hemos dicho anteriormente acerca del efecto que tienen los mensajes dobles, propios de las actitudes sobreprotectoras y controladoras («te quiero, te ayudo, te apoyo», frente a «eres torpe o débil, y poco fiable o responsable, y me necesitas para hacer las cosas bien»), podremos comprender por qué las personas que crecen o viven bajo este control y sobreprotección desarrollan por lo general dos tipos de efectos: de un lado una importante dependencia y necesidad de sus controladores y, de otro, una irritabilidad, resentimiento y rebeldía hacia ellos porque sienten, en un nivel más o menos consciente, que no les están permitiendo ser ellos mismos.

Ir tomando distancia de los problemas de los demás pone de manifiesto no nuestra desidia, sino nuestro respeto por ellos y por la necesidad que tienen de tomar sus propias decisiones, y de desarrollar sus propias capacidades y autoconfianza.

Mostrar empatía y escucha activa

Las personas, ciertamente, necesitamos a menudo apoyo para hacer frente a nuestra debilidad, incertidumbre y temor al fracaso. Necesitamos saber que alguien se preocupa por nosotros. Tomar distancia de los problemas de los demás no es una forma de desentendernos de ellos, sino de tomar la perspectiva que nos permite empatizar con sus dificultades. Nos estamos preocupando de escucharlos con atención, de preguntarles por sus sensaciones, ideas y experiencias para, en definitiva, demostrarles así que nos importan lo suficiente como para estar disponibles y atentos a sus necesidades, pero también como para no usurpar su responsabilidad, libertad y realización personal.

Cuando practicamos la escucha activa parafraseamos (decimos lo mismo que la otra persona, pero con palabras algo diferentes), resumimos y recapitulamos lo que la otra persona nos cuenta con el fin de asegurarnos de que estamos entendiendo su vivencia y de que ella también lo sienta así. Con esto conseguimos que la otra persona se sienta escuchada, valorada y respetada, y, además, la ayudamos a situarse en la mejor disposición emocional para comprenderse a sí misma gracias al espejo que le ofrecemos, así como para desplegar con mayor confianza sus propios recursos. Todo ello es lo que estaríamos mostrando al emplear comentarios propios de la escucha activa y de la indagación constructiva. Algunos ejemplos de este tipo de frases son:

«Debe de ser muy frustrante ver que no puedes hacer nada para que esa persona entienda la situación... No me gustaría estar en tu lugar, la verdad. ¿Qué actitud por tu parte crees que te dejaría en esta situación, al menos, con la conciencia tranquila?».

«Ya... no es nada fácil ser padres hoy día».

«Si fuera mi primera vez, yo tampoco sabría bien qué hacer. ¿Qué posibilidades has contemplado?».

«Me doy cuenta de que tienes miedo a equivocarte, es natural. ¿Has considerado alguna forma de superar ese miedo? Si te interesa, tengo varias referencias positivas de un buen terapeuta que tal vez podría ayudarte».

El error habitual de confundir la verdadera ayuda con el control proviene en gran medida de que a menudo confundimos la empatía con la simpatía. Si bien la primera es una habilidad esencial para la vida en relación, la segunda nos debilita y corrompe a todos. Es preciso entender que aquí el concepto de simpatía no alude a ser amable y tener un trato agradable con los demás, sino a su estricto sentido técnico: estar excesivamente involucrado con el otro, fundirnos en demasía con sus vivencias y responsabilidad, confundiendo las dos individualidades en juego.

> Tomar distancia de los problemas de los demás consiste en ir acabando con la simpatía y ejerciendo una verdadera empatía, procurando comprender al otro en su propia individualidad, desde nuestra propia y separada individualidad.

Ni que decir tiene que la impulsividad a la hora de dar consejos, responde también a la incapacidad de movernos en el «no lo sé». Generalmente nos aterra ser conscientes de que somos limitados e ignorantes. Es como si viviésemos constantemente en una *autocreada* burbuja de sabiduría y sapiencia para no asomarnos a nuestra vulnerabilidad,

... No SÉ QUÉ DECIRTE...

MEJOR, SOLO QUERÍA QUE ME ESCUCHASES

DommCobb

porque esta nos asusta más que ver cuatro pelis de terror seguidas en una casa abandonada en medio del monte en pleno invierno y con una sin igual tormenta golpeando el tejado y la puerta del garaje en el que una vez nos contaron que murieron diez niños a manos de su institutriz que a la vez era... *Bastaaa*, no sé por dónde iba.

Eso, que nos apresuramos a dar consejos, opiniones, juicios, porque de esta forma la tapadera es perfecta, bien opaca y sólida para ocultar nuestra inseguridad al ser conscientes de lo pequeñicos que somos.

A mí me han llegado a decir: «Sé lo que te pasa», cuando ni siquiera yo lo sabía y solo estaba utilizando las palabras y la conversación para aclarar y definir mis propias ideas y entenderme. Pues oye, que lo sabían antes de pronunciarme, como si tuvieran carné de adivinación de situaciones ajenas, telepatía o cualquier otro don sobrenatural aún no descubierto por la ciencia.

Animar al otro a considerar alternativas, aportarle información y ayudarle a conectar con sus criterios

Desde una posición empática, y practicando la escucha activa, podemos ayudar a los demás...

Recalcamos: ¡Si nos lo piden! ¡Lo de ayudar a los demás es solo si nos lo piden! Parece una tontería pero estas cosas hay que aclararlas, porque luego vas por ahí danzando por la vida y te aparece un ayudador de debajo de un árbol, al tiempo que otro espera, agazapado, detrás de una farola. No sé si conoces a alguna persona de esta índole o si como yo, la llevaste dentro alguna vez.

Cuando empecé a ir a terapia y, gracias al señordivino, a encauzar y mejorar mis interiores, creía yo conocer cantidad de secretos y trucos para ser más feliz. Por consiguiente, quería decírselo a todo el mundo para que todo el mundo fuese la alegría de la huerta y el despertar primaveral. Y ahí que iba yo con mis sabidurías gratuitas para todos en modo evangelizador.

A lo que iba, que no, que por ahí no es, que hay muchísimas personas que no quieren ser ayudadas, tal vez solo escuchadas (si eso), y a las que no les interesan nuestros trucos para mejorar la existencia o ser más dueño de uno mismo o tal pascual.

Que sirva este inciso para tener en cuenta que avasallar al que nos cuenta algo con nuestras maniobras orquestales desde la oscuridad no siempre es adecuado. Los demás son muchos, así que, si tenemos dudas, mejor preguntar antes de brillar humildemente con nuestra sapiencia, si esa persona quiere escuchar algo más que el canto de sus pájaros interiores volando de *acáp'allá*.

Lo que decíamos, que llegado el caso podemos ayudar a los demás a que consideren diferentes alternativas de actuación y decisión que tal vez no estaban considerando. Podemos animar su creatividad y ayudarles a tomar en cuenta otras opciones, a combinarlas, incluso a crearlas tal vez. Para esto, algo fundamental es plantear las preguntas adecuadas, aquellas que abran su perspectiva y que dirijan el radar de su atención hacia aspectos importantes a considerar: «¿Qué opinas de esta otra posibilidad?, ¿crees que podría funcionar?», «¿cuál de estas soluciones te parece mejor para ti?».

Tal vez también esté en nuestra mano aportarles información sobre esas alternativas, sobre recursos, características, etc. Es lo que hacemos cuando proporcionamos nombres, números de teléfono, direcciones, precios, procedimientos, experiencias, puntos de vista, etc.

Recordemos que identificar o crear alternativas y obtener información sobre ellas son elementos esenciales en el proceso de toma de decisiones. Podemos ayudar a las personas en ese proceso. Es importante notar aquí que, *aunque aconsejar y proporcionar información puedan parecer lo mismo, no lo son en absoluto.* Cuando damos consejos, ofrecemos o instamos directamente hacia la supuesta solución, con lo que indirectamente coaccionamos o rebajamos a la otra persona. En cambio, cuando le proporcionamos información mostramos respeto, creamos recursos y facilitamos la comprensión y el conocimiento para que el otro decida su solución. Es preciso prestar especial atención a evitar esta confusión. Dado que nuestros temores y nuestros orgullos (que son casi la misma cosa) buscan todas las formas de autoengaño posibles para imponerse, resulta muy habitual que queramos creernos que solo estamos informando cuando, en realidad, estamos aconsejando. Cuando decimos, por ejemplo, «solo te doy mi opinión sobre lo que deberías hacer, pero no te estoy aconsejando», es una forma encubierta y engañosa de aconsejar, mostrando una más o menos sutil coacción. Si decimos «¿por qué no pides cita en esa clínica para dejar de fumar?, creo que te iría bien», estamos opinando sobre lo que el otro debería hacer y, sutilmente, le estamos aconsejando. En cambio, si le decimos «a mí me ha ido bien en esta clínica para dejar de fumar», entonces solo ofrecemos información sobre alguna experiencia propia (o de la que tenemos conocimiento por parte de otras personas), para que la otra persona la pondere de la forma que considere oportuno.

La cuestión, más allá de la frase que se emplee para dirigirnos al otro, siempre es el *desde dónde* hacemos lo que hacemos. Si hay una firme convicción de que lo único que se quiere es informar, no importa tanto que la forma de expresarlo pueda aparentar que estamos aconsejando, porque en el transcurso y desarrollo de la conversación se verá claramente que nos es más o menos indiferente lo que el otro decida, que solo estamos, de verdad y sinceramente, para acompañarlo y no para guiarlo manipulándolo hacia nuestros intereses.

Confío plenamente en las personas, esto es, que uno sabe, sin autoengaños y mierdas, si lo hace para ayudar abiertamente o para conseguir sus propios objetivos de manera sibilina.

Para terminar, vamos a considerar de nuevo el primer comentario del ejemplo de escucha activa que vimos con anterioridad:

«Debe de ser muy frustrante ver que no puedes hacer nada para que esa persona entienda la situación... No me gustaría estar en tu lugar, la verdad. ¿Qué actitud por tu parte crees que te dejaría en esta situación, al menos, con la conciencia tranquila?».

El ejemplo es adecuado para ilustrar que, en el proceso de escucha activa y de preguntas, no solo podemos aportar información sobre alternativas, sino que también podemos ayudar a la otra persona a identificar y clarificar sus propios criterios de decisión. Al preguntarle qué actitud la dejaría con la conciencia tranquila, dirigimos el radar de su atención hacia sus propios valores, hacia lo que para ella es particularmente importante. Ayudamos a que las personas sintonicen con sus criterios de decisión (valores, intereses, recursos, capacidades...), en lugar de imponer los nuestros, siempre que les planteemos preguntas del tipo: «¿Cómo crees que serías capaz de encajar que esa alternativa fracase?», «¿qué es lo que buscas tú en un coche?», «¿esta chica tiene eso que es importante para ti en una relación, o permaneces con ella por alguna otra razón?», «¿cómo de importantes son para ti cada uno de los pros y contras que me comentas de ese trabajo?», etc. Así ayudamos a indagar en un tipo de información que está en el interior de la persona, y que, por tanto, no alude a las características y cualidades de las alternativas sino a sus criterios personales para sopesar esas alternativas. Estas preguntas muestran interés por la otra persona y respeto hacia su individualidad, aceptando que según sus criterios personales tome decisiones diferentes a las que nosotros, con otros criterios distintos, tomaríamos en su lugar.

En mi opinión, la forma de hacer entender al otro que no vamos a aconsejarle es decir directamente: NO VOY A ACONSEJARTE, solo vamos a intentar entre los dos, con preguntas y respuestas, que encuentres dentro de ti tu propio consejo, tu guía, tu brújula y la capacidad de decidir de manera única y personal.

Si el otro se da la vuelta y se va daremos por sentado que solo quería un gurú, un líder o un amo, y en ese caso, tampoco a nosotros nos interesaba su compañía. Ja.

> Desde una posición empática, y utilizando la escucha activa, podemos ayudar a la otra persona a que considere diferentes alternativas de actuación y decisión que tal vez no estaba considerando. Algo fundamental para ello es escucharla con interés real y plantearle preguntas que la ayuden a pensar, a indagar y a conectar con diferentes perspectivas y posibilidades que le faciliten realizar su propia elección y alcanzar su propia solución.

Es importante notar que, en ocasiones, si bien algunas personas no nos piden opinión o consejo directamente, lo pueden estar haciendo de manera indirecta a través de desahogarse con nosotros mediante una retahíla de quejas, lamentos y críticas sobre algo que las aflige. Cuando, por ejemplo, te hablan de esa otra persona a la que precisamente quieren hacer entender algo y no hay manera, del familiar o amigo por quien se sienten de algún modo maltratadas, dificultades en el trabajo o los estudios, conflictos con compañeros, etc. En estos casos, si tú eres el escuchante, puede que tiendas con frecuencia a consolar y a dar consejos aparentemente muy lógicos sobre cómo esa persona podría encarar el asunto... y normalmente a frustrarte porque de poco parece servir todo eso, y pronto esa persona persiste en sus lamentos y críticas. De nuevo, resulta mucho más constructivo ejercer la escucha activa, la empatía y el sistema de preguntas para ayudar a esa persona a concentrarse en las alternativas y en las soluciones. Por ejemplo: «Ya veo cómo te duele que esa amiga a la que quieres tanto te utilice solo para sus propios intereses, y lo desgarrador que ha de ser notar eso después de todo lo que has dado por ella. Supongo que has de hacer algo al respecto. ¿Has hablado con ella abiertamente de cómo te sientes?, ¿has pensado simplemente en tomar distancia e ir cancelando esa amistad?, ¿o tal vez en situarla en un plano de relación menor, para encuentros puntuales?... ¿Qué piensas hacer para dejar de sentirte así?». Cuando a través de preguntas de este tipo quieres ayudar a esa persona a buscar soluciones reales, con mucha frecuencia comprobarás que la otra persona se incomoda o cambia entonces de tema, porque tal vez no está buscando soluciones reales, habida cuenta de que estas implican renuncias, esfuerzos o atravesar miedos o dependencias. Esto hace que a menudo las personas meramente buscan alivio y desahogo para poder seguir aguantando la situación, a la espera de que las cosas cambien sin hacer nada muy diferente.

Como resultado de lo anteriormente expuesto, en ocasiones, cuando una persona comparte algún problema o inquietud con nosotros, al intentar prestarle verdadera ayuda podemos recibir o percibir el reproche de que no la comprendemos. Lo más probable es que en ese caso la persona está mostrando su deseo de que tan solo le proporcionemos alivio momentáneo, la reforcemos en sus críticas y lamentos y le demos la razón, pero no que la *forcemos* a construir soluciones reales. En este caso podemos considerar que nos hemos quitado un cierto peso de encima y, aunque no lo parezca, habremos sido más útiles a esa persona que dedicándonos sin más a convertirnos en su cubo de basura y a frustrarnos in-

tentando empujarla a soluciones que, en el fondo, ella aún no estaba buscando. Al menos habremos plantado una buena semilla.

Puede costarnos aceptar que, tal vez, esa persona necesite sufrir un poco más para que la motivación crezca y para decidirse a romper su precaria estabilidad. Para muchas personas, hay un amplio margen de frustraciones en la vida lo bastante fastidiosas como para quejarse, pero no tanto como para hacer los cambios o asunciones que sirvan para salir de esa situación, puesto que la transición se les hace temporalmente más temerosa y terrible. Este es un motivo clásico que nos puede llevar a instalarnos en situaciones de equilibrio precario y mediocre comodidad.

Dejemos a las personas en paz, a veces solo quieren montar follón, dar la lata o lo que no convendría escribir en un libro, pero que igualmente escribiré: *darporculo*. No quieren cambiar, no quieren salir de su esquema y estructura de pensamiento. No quieren nada de eso. O no pueden o qué sé yo. Siempre hay ganancias derivadas/ocultas de nuestras acciones y hay a quienes eso les basta y les sobra. Prefieren vivir en esa amargura que enfrentarse a otro tipo de incomodidad que desconocen, por mucho que este proceso los llevase a un mundo mejor *tralará*.

Así que por favor te lo pido, deja al mundo en paz.

Bueno, yo qué sé, haz lo que te dé la gana a ti también.

> YO RESPETO PROFUNDAMENTE QUE QUIERAS VIVIR AMARGADO, ROBERTO

Con lo abordado en este capítulo tenemos, en conjunto, no solo una explicación de por qué dar consejos es una actitud errónea, sino también una visión de las alternativas de que disponemos para proporcionar verdadera ayuda. Si nos damos cuenta, ayudar de verdad es más difícil que aconsejar, lleva más tiempo, requiere más atención y esfuerzo. Este es uno de los motivos por los que la

mayoría de la gente prefiere dar consejos a ayudar de verdad. La ley de la comodidad y el mínimo esfuerzo tiende a imponerse en nuestra vida diaria, incluso cuando se trata de educar o de ayudar a aquellos a quienes queremos. Buscamos ahorrar esfuerzo, pero es entonces cuando «el tiro nos sale por la culata». La mejor manera de ahorrar esfuerzo, a la larga, es hacer un buen trabajo de primeras, para de ese modo no tener que hacerlo varias veces. Cuando yo era niño estudiaba porque no me gustaba estudiar, y sabía que si suspendía las evaluaciones tendría que estudiar dos veces y pasar el verano liado, a lo cual no estaba dispuesto.

Ayudar a los demás de manera apropiada no solo es una forma de expresarles más adecuadamente nuestro amor y de conseguir aquello que en verdad pretendemos respecto a la vida de esas personas, sino que, a largo plazo, también es una forma de ayudarnos a nosotros mismos. Se trata entonces de una forma de *egoísmo inteligente* que nos ahorra multitud de frustraciones, conflictos y repeticiones inacabables a las que nos abocamos cuando hacemos las cosas mal, deprisa y corriendo, queriendo llegar demasiado rápido a las soluciones.

Motivos por los que terminamos aceptando los consejos

Todos los argumentos expresados en el capítulo anterior son
válidos incluso cuando no ofrezcamos consejos por nuestra
propia iniciativa, sino que sea la otra persona quien nos los
pida directamente. No debemos intentar ayudarle mediante
consejos por el mismo motivo que si alguien a quien aprecia-
mos nos pide dinero para droga haríamos mal en dárselo. Ya
hemos recalcado que hay otras maneras más efectivas de prestar esa ayuda. Ahora abordaremos otra cuestión, ya que dar
consejos no es más que una cara de la moneda, la otra es estar

dispuesto a recibirlos. Ambas caras son igualmente problemáticas. Así que, si no es apropiado darlos, tampoco lo es que los recibamos de nadie. Sin embargo, es cierto que ante la tesitura de tomar determinadas decisiones y conducirnos por la vida, *podemos pretender justificar el hecho de pedir consejos o, también, el de simplemente permitir que nos los den.*

Será necesario, para entender nuestras motivaciones en este aspecto, encender aquí el botón de la honestidad, abrir nuestra mente con ansia de verdad y con humildad.

¡Ay, Pedro!, ¡pero qué gracioso eres! El botón, dice. Quizá sea esa última frase la madre de todos los corderos del sistema de vida en el que nos movemos. La honestidad; ese tesoro escondido bajo siete millones de llaves. La verdad interior, el núcleo del átomo crucial desde donde todo lo demás se mueve. La honestidad... qué maravillosa verdad.

Surge aquí una pregunta importante que no tiene una única respuesta: *¿Por qué entonces aceptamos o incluso, en muchas ocasiones, nosotros mismos pedimos que nos den consejos?*

Porque tal vez no queremos cargar con la responsabilidad de los problemas propios, por simple pereza. Nuevamente, la ley del mínimo esfuerzo es tentadora, y la comodidad nos tienta a *soltar mochilas,* sin embargo, debemos ser conscientes de que estas mochilas llevan nuestro avituallamiento para la vida y antes o después las vamos a echar de menos.

Porque pensamos que no somos capaces de resolver nuestros propios problemas. Tememos equivocarnos y rehuimos enfrentarnos a nuestros propios errores, ya que estos dañan demasiado nuestra autoimagen y autoestima. El problema es que al pedir consejo u opinión entramos siempre en bucle, en una espiral descendente que, en realidad, empeora aún más nuestra autoconfianza y nuestro sentimiento de valía personal.

Sigamos con más respuestas a la pregunta de por qué aceptamos consejos:

Porque inconscientemente buscamos cualquier excusa y a alguien a quien culpar si nos equivocamos, ya que no nos sentimos capaces de sobrellevar las críticas o juicios negativos que podamos recibir. El problema es que al reducir nuestra autoconfianza, autonomía y sentimiento de valía personal volvemos a entrar en bucle, porque ello aumenta nuestra vulnerabilidad y fragilidad ante los juicios y críticas de los demás.

Porque podemos creer que si rechazamos los consejos de alguien le estamos haciendo un desplante y faltándole al respeto, lo cual tememos que nos lleve a perder su afecto. Inconscientemente, o quizá no tanto, es un «te dejo que me controles y me domines para que sigas a mi lado».

Qué importante es desvelar las verdades ocultas que mueven nuestros actos, qué importante es simplificar después de haber buscado entre los enredos y marañas, qué importante es dar de frente con la aplastante verdad que sostiene lo que somos, pensamos y hacemos.

Hagamos un inciso sobre este asunto del miedo a poner ciertos límites a las personas a quienes estimamos. Imagina que estás en una habitación con otra persona con la que tienes un valioso vínculo. Esta persona comienza a darte dolorosos pellizcos cada poco tiempo. Seguramente ella en verdad cree que te está acariciando y haciéndote un favor. Tú le pides educadamente que deje de pellizcarte porque te duele, aunque le agradeces que su propósito sea ofrecerte gratas caricias (como ya vimos, agradeces la intención y pones límite a la conducta dañina). Si a pesar de ello la otra persona persiste en su comportamiento, sin duda deberías protegerte y salir de esa habitación. Que la otra persona pretenda acariciarte no justifica que le permitas darte pellizcos.

¿Estarías entonces faltando al respeto a esa persona, o alejándola de tu vida? En absoluto. Estarías cuidando lícitamente de ti mismo (cosa difícil cuando la relación con uno mismo es tal que crea merecer que otra persona lo dañe).

De este modo, estaríamos educando a la otra persona para que no traspasara unos límites que verbalmente no era capaz de comprender, también estaríamos evitando acumular tanto hartazgo y resentimiento hacia esa persona que, incluso queriéndola, llegue el momento en que necesitásemos apartarla de nuestra vida. Así que, en último término, esa relación terminaría deteriorándose mucho más si no le ponemos el límite. Como vemos en este caso, debemos volver a tener cuidado con los riesgos del pensamiento cortoplacista.

Y una última respuesta a la pregunta:

Porque creemos que rehuir los consejos de los demás es prepotente y vanidoso por nuestra parte. En este caso estaríamos confundiendo la autoprotección, la libertad y la autonomía personal con la prepotencia y, también, la humildad con el simple apocamiento. Como desarrollaremos más adelante, a menudo desvirtuamos los conceptos y las palabras de tal modo que damos lugar a creencias peligrosas que, a través de la culpa y el miedo, propician diversas formas de manipulación.

Es importantísimo quitar el velo a algunos conceptos y destriparlos hasta entenderlos.

Hay muchas conductas que queremos emprender y que, al tenerlas demasiado asociadas con términos peyorativos, nos impiden llevarlas a cabo. Las citadas prepotencia o humildad. Solemos dar por sentado, precisamente sin habernos sentado a analizar la cuestión, que decirle «no» a alguien de manera firme nos hará soberbios o prepotentes. Y también tenemos asociado en algún circuito neuronal que no hablar abiertamente de nuestras capacidades es un acto de humildad incomparable. Como no queremos reconocer que esas cualidades pueden definirnos, nos quedamos quietos cual momia de Tutankamón y seguimos haciendo las mierdas que hacemos. Y no. Darle una vuelta a los conceptos y términos y a los significantes de las palabras es tan necesario como comer, respirar o hacer el amor.

Ruego encarecidamente que desmontemos mucha de la conceptopatología que nos arrincona y destroza.

Todos estos motivos que acabamos de revisar son muy comprensibles y aparecen con frecuencia. Eso no quita para que, por las consecuencias ya explicadas, también sea profundamente erróneo y peligroso escudarse en ellos. Que una dificultad sea comprensible y difícil de encarar no la convierte en una justificación o excusa lícita. ¿Quién dijo que la vida era sencilla?

Ojalá desde pequeñicos nos informasen de estas cosas, de que la vida es compleja, llena de matices y de una magnificencia que muchas veces se escapará de nuestra limitada comprensión.

Pero vale, ya que no pudieron o no supieron decirnos estas cosas cuando éramos pequeños, qué menos que como adultos reconozcamos las verdades abiertas y nos bajemos un poco del pedestal que se nos ha incrustado en el ojete. Perdón.

Ante la tesitura de tomar determinadas decisiones en la vida, hay varios motivos de fondo por los que uno puede pretender justificarse cuando pide consejos, o cuando simplemente permite que se los den:

Porque, en un acto de pereza, tal vez no quiere cargar con la responsabilidad de sus propios problemas, porque piensa que no es capaz de resolver sus propios problemas y teme equivocarse, porque anda buscando excusas y alguien a quien culpar si las cosas salen mal, porque cree que si rehúye los consejos está haciendo un desplante a la otra persona y faltándole al respeto, y tal vez pueda perder su afecto, y porque cree que rehuir los consejos de los demás es prepotente y vanidoso por su parte.

Las tres prohibiciones constructivas

Como derivación de todo lo anterior, una de las acciones que yo planteo decididamente a muchos de mis pacientes, cuando deben desarrollar autonomía y aprender a tomar sus propias decisiones, es que apliquen en su vida tres prohibiciones muy concretas, que detallaremos en las páginas que siguen. Aunque resulte paradójico, es importante notar que no se trata de unas prohibiciones limitantes, sino más bien de prohibiciones constructivas, que, aplicadas con rigor, amplían nuestras posibilidades y recursos. Del mismo modo, es esencial entender que la aplicación de estas prohibiciones no debe tomarse como una técnica puntual o temporal, sino como una actitud que debemos integrar para el resto de nuestra vida. Los importantes beneficios de lo que vamos a plantear están ampliamente contrastados en multitud de experiencias educativas y terapéuticas.

Así, siempre que debamos tomar cualquier decisión en la vida, ya sea grande o pequeña (desde qué camiseta ponernos o qué tipo de peinado hacernos, hasta divorciarnos o buscar trabajo en el extranjero), respetaremos terminantemente tres prohibiciones que nos vamos a imponer.

Prohibido pedir consejo a cualquier persona de nuestro entorno

Antes de comenzar, conviene aclarar que en todo momento estamos hablando de decisiones personales que pertenecen a nuestro ámbito de responsabilidad individual y que, aunque tal vez afecten ampliamente y gusten o disgusten a otras personas (por ejemplo, si uno decide separarse de su pareja), no dejan de ser decisiones personales con las que los demás no tienen por qué estar de acuerdo. En otro momento precisaremos un poco más algunos malentendidos sobre esta cuestión de lo que es una *responsabilidad individual* o una *responsabilidad compartida*, y que nos remiten a conceptos a menudo malinterpretados como el respeto o la bondad. Si claramente se trata de decisiones que implican una responsabilidad compartida, entonces obviamente tendremos que negociar y ponernos de acuerdo con las otras personas a las que implica. A qué lugar vas a ir de vacaciones con tu pareja es, obviamente, una decisión de equipo en la que tendrás que ponerte de acuerdo con tu pareja; qué película voy a ver con los amigos requiere que tomemos una decisión como grupo de amigos. *Es cuando se trata de decisiones personales que no tendríamos que pedir opinión o consejo a nadie.*

Ya hemos señalado la importante diferencia entre pedir consejo u opinión y pedir información. Podemos apoyarnos en los demás para conocer opciones, características, experiencias y consecuencias posibles de esas opciones, pues es sobre esa base de información como tendremos que tomar nuestras elecciones, pero no sería apropiado apoyarse en los demás para saber qué es, según ellos, lo que nos conviene hacer.

Volviendo a un ejemplo anterior, imagina que has decidido comprarte un coche (objetivo de partida o decisión previa), pero que no tienes ni idea de qué modelo adquirir. Puede que te preguntes: «¿Y está mal entonces que le pregunte a mi padre o a mi amigo, pongamos por caso, quienes se supone que entienden de coches, qué modelo sería adecuado para mí?». Así es. Efectivamente, nos estamos prohibiendo tal cosa. Podemos preguntar a nuestro padre o amigo, o al mecánico de nuestro barrio o a quien sea que entienda del asunto, sobre características técnicas de las distintas marcas, rangos de precios, calidad de los servicios posventa, facilidades de reparación y recambios, etc., pero lo haremos únicamente con el objeto de, sobre toda esa información, tomar nuestra propia decisión. *Lo que nos prohibiremos tajantemente es preguntarles qué coche les parece que nos iría bien a nosotros.*

Es decir, esforcémonos un poco y aprendamos algo de coches, ya que vamos a comprar uno. Esa actitud es la que nos va capacitando y otorgando autonomía en la vida, aumentando en consecuencia la probabilidad de que tomemos decisiones satisfactorias. El coche que nuestro amigo considera apropiado para nosotros no tiene por qué serlo, ya que, por ejemplo, tal vez él considera prioritaria la estética del modelo, los mecanismos de seguridad que incorpora y la potencia, mientras que nosotros valoramos más que tenga un consumo reducido o ecológico, un maletero suficiente y facilidad de maniobra en ciudad, pongamos por caso. Dicho de otro modo, sus criterios de decisión, por muy expertos que sean, no son los mismos que los nuestros, y la mejor decisión para nosotros no tiene por qué serlo para los demás. *La información se refiere básicamente a características objetivas que podemos conocer y compartir, mientras que los criterios de decisión son siempre subjetivos e intransferibles, apelan a nuestra individualidad.*

Es muy habitual en mi consulta que acudan personas buscando consejo sobre ciertos temas importantes ante los que se sienten bloqueadas. Por ejemplo: «Llevo tiempo sintiéndome insatisfecho en mi matrimonio, y dándole vueltas a si debería o no separarme. Me siento infeliz, pero no sé qué hacer».

A colación de este caso me estoy acordando de una cosa peritosa que sucedió no sé cuándo. Les pongo en situación: Pepito es amigo de Marijuana y Marijuana está casada con alguien cuyo nombre nos da igual.

Marijuana tenía problemas en su matrimonio y le pide consejo a Pepito. Lo que nadie sabía era que Pepito estaba enamorado de Marijuana. ¿Adivinan qué consejo le dio cuando Marijuana le contó su problemática? Efectivamente, tardó menos de lo que canta un gallo en decirle: chacha, claro, sepárate, pero ya, estás tardando.

Anda que no era listo ni ná el Pepito de dios.

¿Tú has sido ese Pepito alguna vez?

No mientas, sabemos la verdad.

Mal asunto sería que un psicólogo le dijera a esta persona lo que ha de hacer o no. Como hemos subrayado, la ayuda que podemos prestar en este caso pasa más bien por tomar cierta distancia emocional, empatizar, escuchar, preguntar y ofrecer alternativas e información. Preguntas adecuadas podrían ser: «¿Qué ha intentado hasta ahora para mejorar su relación?, ¿tendría algún lugar adecuado a donde irse?», «¿cómo quedaría el asunto de los hijos?, ¿su familia lo apoya?, ¿cómo esperaría enfocar su nueva vida?, ¿hay alguna tercera persona esperándolo?», etc.

Indagando en la situación de su matrimonio, sus recursos y sus posibilidades, es probable que yo en su lugar me separara sin dudarlo. Pero en su lugar no estoy yo, sino él. Así, si bien para mí puede no ser un gran problema, por ejemplo, encarar la soledad de la separación y el disgusto creado en el entorno, tal vez para esta persona en particular existe un importante miedo a esa soledad y a ese conflicto. Y en esas circunstancias y con esos temores, de momento para esta persona puede ser peor la separación que su matrimonio infeliz. La mejor decisión para esta persona no es la mejor decisión para mí. Después de calibrar apropiadamente tal cosa, ahora esta persona sabe que, mientras sus criterios de decisión no cambien, lo más apropiado es quedarse quieto.

Además, habrá adquirido una conciencia más clara de que debe trabajar sobre su miedo a la soledad y al conflicto para que, una vez corregidos en cierto grado, tal vez la separación se convierta en una alternativa adecuada.

Este ejemplo es también apropiado para poner de manifiesto cómo los criterios de decisión no son algo necesariamente estático y permanente. Al tomar conciencia de ellos podemos respetarlos y, a su vez, reconvertir nuestra decisión en una decisión previa, como, por ejemplo, hacer algún tipo de terapia sobre nuestros miedos u otras limitaciones que nos perturban a la hora de decidir. *Mantener coherencia con nuestros criterios internos es una norma general deseable, pero algunos de estos criterios pueden ser un tanto neuróticos y deseablemente transformables.* Lo dejaremos aquí, porque este es el tema central de nuestro próximo y último capítulo.

Prohibido justificar ante los demás nuestras decisiones personales

¿Por qué tendríamos que hacerlo, si son nuestras cosas y nuestra vida personal? Tal vez a los demás no les guste cómo conducimos nuestra vida, pero la cuestión es que, aunque sería agradable que les gustara, no tienen por qué hacerlo. Ellos pueden tomar otras decisiones sobre su propia vida. Nuevamente, es lógico que informemos a ciertas personas de nuestro entorno sobre algunas cosas que hemos hecho o que pensamos hacer, que compartamos algunas de nuestras cavilaciones, vivencias y decisiones, pero una cosa es informarles y otra bien distinta es justificarse. Hablamos de esa situación en la que, ante la disconformidad de la otra persona nos explicamos y volvemos a explicar, argumentando lo mejor que podemos la bondad de nuestra decisión, esforzándonos en que la otra persona entienda lo que parece no entender ni compartir (o presuponemos de entrada que no va a entender y compartir). Es mejor no insistir, la estamos informando, no buscando su validación, aprobación o visto bueno. Ya no somos o no deberíamos ser niños dependientes. Ese acuerdo o visto bueno es, implícitamente, lo que estamos buscando cuando damos demasiadas explicaciones, como si nos costase seguir adelante con nuestra decisión si no tenemos el beneplácito de ciertas personas significativas para nosotros. Esto es muy habitual y, además, por todas las consecuencias dañinas explicadas en el capítulo anterior, muy peligroso.

Pongamos un ejemplo contundente. Imaginemos que alguien decide dejar su trabajo para dar la vuelta al mundo en bicicleta (ha habido casos). Es muy probable que, al comunicarlo, buena parte de su entorno intentara convencerlo de la locura que iba a cometer: «Te van a robar o a secuestrar, vas a pasar hambre, tu cuerpo no lo soportará, a la vuelta no vas a tener nada, etc.». Pero el caso es que, si a esta persona le gusta la bicicleta, está dispuesta a asumir las agujetas y el cansancio, también los riesgos, si no tiene problema en comer bocadillos y enlatados casi todos los días, ni teme a las gestiones y dificultades que probablemente tenga que enfrentar durante y después de su periplo, entonces hace muy bien en intentar dar la vuelta al mundo. Los demás, si no quieren que no se la den.

En un caso tan radical como este se ilustra claramente que, por muy lógica que sea la preocupación de los seres queridos por el aventurero, y aunque este procure informarles y darles cierta tranquilidad sobre la coherencia personal de su decisión, si manifiestamente le muestran sus discrepancias y argumentan de forma repetida en contra de su decisión, la persona no debería entrar en debate ni esforzarse una y otra vez en que acepten su decisión personal.

El hecho es que, cuando damos demasiadas explicaciones para convencer a los demás sobre lo lícito de nuestra decisión, estamos transmitiendo inseguridad y dando otro mensaje doble: por un lado, estamos diciendo que es nuestra decisión hacer tal o cual cosa, pero *al permitir el debate insistente estamos transmitiendo que el tema es debatible, que está sujeto a discusión, y que si son lo bastante hábiles o insistentes tal vez nos puedan convencer para que cambiemos de idea.* Y es por ello que, haciendo caso a nuestro mensaje encubierto, a menudo los demás insisten y nos presionan, o tal vez hasta incluso nos chantajean. En cambio, cuando no nos esforzamos en justificarnos, estamos transmitiendo un mensaje coherente entre nuestras palabras y nuestras acciones: «He decidido hacer las cosas así, y me gustaría que lo aprobarais y no os incomodara, pero en todo caso mi decisión no es debatible y me pertenece a mí. Si podéis ofrecerme alguna información relevante que no haya considerado, estoy dispuesto a escucharla».

Hablemos de algunos orientadores de los que tienen un puesto en los institutos. Solo tienes que darte una vuelta por las sensaciones de los adolescentes que van a elegir qué carrera estudiar, ¿saben que en los tiempos que corren, siglo XXI, aún hay quien presiona, sutil y sibilinamente, para que un alumno estudie lo que se supone *mejor*? Tengo sobrinas cuyas preferencias iban encaminadas hacia el estudio de carreras que no son socialmente aceptadas como *buenas*. Esos orientadores ofrecen, en mi opinión (no va a ser en la del panadero de mi pueblo), una descarada exposición de los numerosos beneficios que tiene decantarse por ciencias contra la *mierder* que supone escoger, por ejemplo, letras. Pobres de los que quieren estudiar arte dramático, moda o alguna otra carrera más creativa. Virgen santa lo que tienen que escuchar estas personas adolescentes con las neuronas hechas bola.

Lástima que, a esas edades, aun teniendo claro clarinete lo que les gusta, lo que prefieren y a las consecuencias que están dispuestos a enfrentarse, siempre haya alguien que se erija con más sabiduría, conocimiento y verdad que el pobre adolescente inculto que no tiene idea de ná. Está pasando... sí, que los adultos parecen saber más de casi todo y van por ahí orientando a los pobres jóvenes a los que se presupone poco menos que idiotas.

Como muestra, un esquema-ejemplo de los modernos Power-Point que les colocan en las clases:

Prohibido seguir escuchando cuando alguien nos está aconsejando o cuestionando nuestros asuntos personales

Es habitual que algunas personas que nos quieren, como padres, amigos o pareja, aunque no les pidamos opinión ni consejo (*Primera prohibición*) se dediquen por su propia iniciativa a decirnos cómo debemos hacer las cosas: vestir, comer, estudiar, tratar a los demás, educar a los niños, cuidar nuestra salud, etc. La buena intención se presupone en la inmensa mayoría de los casos, como ya hemos discutido, pero también hemos discutido por qué permitir tal cosa es contraproducente. *Esta tercera prohibición no se refiere a que escuches y después hagas lo que te parezca que debes hacer, sino a que deberías prohibirte permanecer escuchando esos consejos.*

Aunque pretendamos que nos entre por un oído y nos salga por el otro, si dejamos pasar el asunto para no incomodar a la otra persona, el goteo de consejos irá corroyendo nuestra mente y, con toda seguridad, también nuestra relación con la otra persona. A buen seguro tendrá un efecto pernicioso sobre nuestra seguridad y ánimo personal, además de suponer un cúmulo inconsciente de resentimiento y de dependencia. No se trata de convertirnos en personas ariscas o maleducadas, sino de que con amabilidad (con la otra persona) pero también con firmeza y claridad (respecto a su conducta controladora) dejemos claro que le agradecemos su preocupación, pero que se trata de una decisión que nos pertenece, que hemos de pensar y valorar por nosotros mismos. Podemos pedirle por favor que deje el tema estar, o realizar cualquier comentario en esa línea para cortar la situación.

No es fácil, ¿eh? Apuesto, haciendo un alarde de adivinación, que lo primero que has pensado ha sido «claro que sí, campeón».

Precisamente por eso, por ese automático resorte que te ha saltado cual payaso saliendo de la cajita cuando aprietas el botón, merece la pena echar un vistazo al asunto y dedicarle un poquito de reflexión.

Generalmente, muchos de los *noes* que decimos veloces cual guepardo corriendo por la selva a la caza de una gacela para un documental de la dos, requieren de nuestra consciente atención precisamente porque suelen ser patrones de conducta arraigados que vienen de los tiempos en los que el sol cogió su postura. Es por ello, oye, que tal vez no son *nuestros*, sino aprendidos para la ocasión. Muchas veces se cumple la ecuación inversamente proporcional: menos tiempo al decir *no*, más impostado y falso es ese *no*.

Pero ¿y si a pesar de este tipo de comentarios y solicitudes para que pare, la otra persona insiste en decirnos lo que tenemos o no que hacer? Como esos padres insistentes que no pueden evitar la cantinela una y otra vez. *En tal caso no deberíamos decírselo más de un par de veces, para, a continuación, proceder a salir del escenario.* Podemos irnos al baño unos minutos, decir que tenemos que colgar ya el teléfono, irnos a nuestra habitación, a dar una vuelta por la calle, o marcharnos a casa hasta otro momento...

Si aun así no somos capaces de cortar la situación con palabras, deberemos cortarla con hechos. Tampoco es preciso para ello ser groseros. Llegados a este caso debemos tener en cuenta que, como en el ejemplo de alguien dándonos pellizcos, es la otra persona la que no consigue entender que nos está faltando al respeto, de manera que en rigor

no nos vamos, sino que nos están echando. Pasado cierto tiempo podemos retomar la relación y comunicación desde cero, sin resentimientos. Siguiendo estas pautas no habrá lugar a ningún enfado importante. Este mensaje coherente entre palabras y acción puede ser la única manera de que la otra persona aprenda a respetar nuestra individualidad, de que acabe comprendiendo en algún momento - - - ➤ quizá incluso sea solo un *poquico* antes de la extremaunción, pero comprenderlo lo comprenden. que era lo mejor para los dos.

Por supuesto que somos conscientes de la dificultad (porque aún no está integrado como un hábito) de esta acción, no andamos muy acostumbrados a la firmeza y determinación en nuestros actos (tampoco en pensamientos), por el contrario, y debido a nuestra falta de seguridad (de nuevo el bucle, puesto que cuanto menos lo hacemos, menos seguros nos sentimos), solemos jugar mucho a la ambigüedad, soltar una indirecta y esperar que el otro entienda qué queremos esclafarle. Bienvenido al mundo de los enredos en las relaciones. La claridad en el mensaje que transmitimos es tan necesaria como el mensaje en sí. No es lo mismo que menciona Pedro, pero el ejemplo que os voy a contar sí muestra esa ambigüedad a la que prestar atención cuando te dispongas a intentar seguir las pautas que menciona.

Recuerdo cuando desayunaba en el bar de siempre que un tipo cogió la costumbre de sentarse conmigo casi cada día. Empecé con mis sutilezas pretendiendo que directamente entendiera lo que yo quería decirle, a saber: «Quiero desayunar sola». No imagináis la de tiempo que invertí en mis agudos e ingeniosos movimientos: empecé moviendo un poco el taburete en la dirección opuesta con la excusa de que prefería que el círculo vital fuese más amplio, otro día le dejaba caer cuánto me gustaba disfrutar de mi rato para desayunar, después le soltaba cuánto amaba yo la soledad... Total, que nada, no había manera de que entendiera lo que yo quería transmitir. Incluso luego yo sola me enfadaba porque el tipo no se daba por aludido ni se enteraba. Muy lista yo, como podéis apreciar. ¿Qué ocurrió? Pues que gracias a que entendí que si no era directa en mi discurso el otro no iba a entenderlo con nitidez, decidí hacerme la muerta cuando lo veía entrar...

¡Que noooooo! Es bromica.

Un día le dije, Señor *Talpascual*, mire usted, hoy quiero desayunar sola. Efectivamente, bien no se lo tomó. De hecho, me dijo su opinión al respecto varias veces atacándome por los frentes que quiso. Empezó diciendo que ya tenía yo todo el día para estar sola.

Ejem.

Siguió diciendo que con razón no tenía pareja.

Ejem.

Le escuché sin sobresaltos diciéndole, sí, sí, lo que tú digas, pero hoy quiero desayunar sola.

¿Qué pasó?, que después de dos semanas enfurruñado y sin saludarme, decidió respetar mi deseo. Volvimos a retomar la conversación cuando surgía y hasta hoy, que sigo desayunando en el bar de siempre tal y como me gusta: sola.

No puedo afirmar que siempre soy así de tajante, pero es un eje por el que me muevo a menudo y todo es más claro, cálido, conciso, y no imagináis la de ahorro de tiempo y energía que supone este modo de hacer.

Conclusión: decir las cosas esperando que el otro lea y entienda lo que queremos decir en el entre líneas es cansado, ineficaz y demasiado entretenido teniendo en cuenta el tiempo limitado que esta existencia nos va a dejar vivir. He dicho.

> Siempre que debamos tomar cualquier decisión en la vida, ya sea grande o pequeña, respetaremos las tres prohibiciones terminantes que nos hemos impuesto:
>
> *Prohibido pedir consejo a cualquier persona de nuestro entorno.*
>
> *Prohibido justificar ante los demás nuestras decisiones personales.*
>
> *Prohibido seguir escuchando cuando alguien nos está aconsejando.*

Estas prohibiciones autoimpuestas están estrechamente relacionadas, son como tres en una y así debemos tratarlas. Pero ¿por qué son importantes? Recordemos algunas ideas planteadas en el primer capítulo: a lo largo de nuestra vida tomamos decisiones constantemente, de forma por lo general más inconsciente que consciente. Esas decisiones se toman siempre dependiendo de unos criterios, es decir, en función de unos intereses, valores, circunstancias, recursos, preferencias. Estos criterios de decisión que manejamos de continuo pueden ser en esencia de dos tipos: *internos* o *externos*. Decidir siguiendo el criterio interno implica hacerlo según lo que podríamos llamar la propia voz interior, que no es algo material, pero sí una realidad muy concreta. Con todo ello nos conectan preguntas del tipo: «*Cuáles son mis necesidades e intereses?, ¿qué dicen aquí mis valores personales?, ¿cuáles son mis gustos y preferencias?, ¿qué recursos, capacidades y limitaciones tengo para encarar la decisión?, ¿cuáles son mis circunstancias?*».

Este tipo de preguntas deberían quedar grabadas a fuego en nuestra mente, pues son las que nos conectan con nuestro propio interior, con nuestro yo psicológico. Las preguntas del criterio interno nos conducen hacia el autoconocimiento, hacia el reconocimiento de nuestra individualidad y hacia el autocuidado.

Sin embargo, también es posible decidir basándonos en el criterio externo, ya sea de alguien en particular o de la gente en general, según el caso. Aquí las preguntas son más bien del tipo: «*¿Qué van a pensar de mí?, ¿cómo le va a sentar?, ¿se disgustará si hago tal cosa?, ¿dejará de quererme? ¿qué* *imagen voy a dar?, ¿qué haría fulanito en este caso?, ¿qué esperan de mí?, ¿qué se supone que es lo normal?, ¿qué hace la mayoría?».*

Este tipo de preguntas nos sacan de nosotros mismos y nos mueven a sintonizar preferentemente con lo que creemos (acertadamente o no) que son las necesidades de otras personas, con sus supuestas expectativas, creencias y preferencias. Si hablamos del criterio de la gente en general podemos pensar, erróneamente, que hay alguna norma universal sobre lo que es correcto, y nos agobiamos porque no estamos seguros de conocerla. Creer que lo normal (lo que dicta la norma) es lo más adecuado para nosotros puede resultar un profundo error (como bien expresa el popular chiste: «Coma mierda, pues diez mil millones de moscas no pueden equivocarse»).

Esforzarnos en conocer los criterios de los demás, y el por qué hacen lo que hacen y toman las decisiones que toman, es un adecuado y valioso ejercicio de empatía. Sin embargo, guiarnos por esos criterios para nuestras propias decisiones lo convierte en un ejercicio de desconexión de nosotros mismos, de sumisión, dependencia y renuncia a la propia libertad y autorresponsabilidad. Empatizar con los demás y aprender a respetarlos no significa tener que compartir su realidad, sino apreciarla desde nuestra propia realidad e individualidad.

Entre otras cosas porque *los demás* son MUCHOS. Cada uno con sus cosas, de hecho. *«Los demás»* no existe más que como un concepto que hemos creado y al que habitualmente nos referimos, pero que no tiene entidad real y, por tanto, es imposible concretar qué querría, de manera concreta, ese supuesto grupo. Es un grupo formado por diferentes partes, no una sola entidad con un criterio fijo.

Esto se nos cuela de manera frecuente, por ejemplo, cuando nos decimos cosas como: «Mi familia no lo entenderá». En realidad, nos estamos refiriendo a las personas que conforman esa familia. Incluso al ahondar en el asunto, muchas veces nos referimos a una persona en concreto. Tu padre, tu madre... tu hermano mayor. Suele haber una persona que es de la que más te preocupa lo que piense de ti. Así pues, sería mucho más eficaz en cualquier gestión que hagamos al respecto, determinar qué persona nos puede estar condicionando en nuestras decisiones que englobar todo bajo el término *familia*. Dispersamos la atención al llevar nuestra atención al grupo, y por tanto se hace más difícil trabajar a nuestro favor si es que decidimos coger el timón de nuestra vida y apechugar con las consecuencias.

Empatizar apropiadamente tampoco significa, como a menudo se transmite, meterse mentalmente en la otra persona (desconectándose de uno mismo), sino más bien mirar y explorar el interior de la otra persona, y reconocer su diferencia y peculiaridad, sin perder el posicionamiento en uno mismo.

Y bien, podemos comprender fácilmente que *las tres prohibiciones nucleares planteadas nos sirven como medio para bloquear las tres fuentes de acceso principales al criterio externo cuando hemos de tomar decisiones, con el fin de centrarnos únicamente en nuestra voz interior.* Pero ¿y si no dejamos de tener dudas y, mirando únicamente dentro de uno mismo, realmente no sabemos qué decisión tomar?

En el próximo capítulo ofreceremos un planteamiento clarificador en este sentido, pero de momento, llegado este caso de duda procuraremos informarnos mejor y tomar en cuenta los aspectos señalados al respecto en el primer capítulo. Procuraremos mirar hacia nuestro interior con mayor atención y honestidad y, si seguimos dudando, mejor lanzaremos una moneda al aire que pedir consejos, porque al menos el azar no debilitará nuestra seguridad ni nos creará dependencias. Procuremos entonces aprender de la experiencia y mejorar nuestras habilidades a través de ella. Esa es la única forma de aprendizaje real.

Nos plantearemos siempre el tipo de preguntas que nos conectan con nuestra voz interior: «*¿Cuáles son mis necesidades e intereses?, ¿qué dicen aquí mis valores personales?, ¿cuáles son mis gustos y preferencias?, ¿qué recursos, capacidades y limitaciones tengo para encarar la decisión?, ¿cuáles son mis circunstancias?...*».

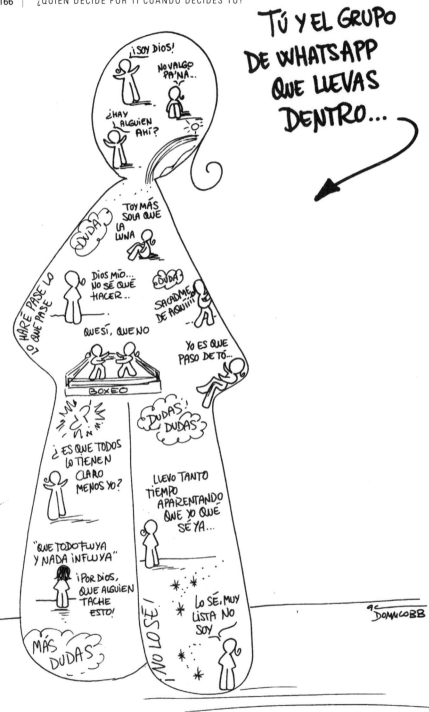

El círculo vicioso de la falsa seguridad

Este trozo de capítulo es uno de los que más sustancia tiene para mí. Empezaré por decir que la seguridad no existe. Así, sin anestesia. Si no matizase mi argumento podrían lapidarme, así que me explayo un poco que por el momento no me vienen bien un montón de piedras alrededor.

No existe la *seguridad* entendida como control, estabilidad, continuidad en el tiempo de una situación...

Sí, confirmo que perseguir esa seguridad me parece una de las carreras más absurdas del mundo mundial.

Me refiero a la seguridad que nos dan las cosas *externas* en el devenir de la vida: recuerda que un terremoto puede derribar todo aquello que has conseguido, o puede largarte tu novia de ocho años, o pueden los mandamases inventarse una ley que debas cumplir, pueden robártelo todo, tener un accidente o que la mismísima muerte te ventile lo conseguido.

Además de esa *seguridad* que creemos alcanzar con lo externo, a la seguridad interna también podríamos darle un repaso. La mente pensante, sin dominio ni control, parece tener una naturaleza vivaracha y saltarina. Es casi imposible frenar el pensamiento y aunque creas que unas ideas y creencias determinadas te harán sentir seguro y con una identidad/personalidad marcada y definida, esta tenderá a cambiar por tu propio devenir y experiencias nuevas, por lo que lo más beneficioso del mundo es aceptar también la maleabilidad y la consiguiente evolución de «quien crees que eres».

Creo que las personas perseguimos constantemente conceptos abstractos (felicidad, amor… o seguridad en este caso) porque creemos que esas certezas nos darán bienestar. Es como pasar años y años detrás de una zanahoria que no va a dejar de cambiar. La inestabilidad está servida, llámale movimiento, incluso en ese *mí mismo* que pretendemos encontrar.

Este libro está enfocado a la búsqueda de ese criterio íntimo y propio, pero es necesario decir que ese criterio irá cambiando, moldeándose, bailando, moviéndose durante toda nuestra vida (pobres de los que sigan intentando aferrarse a un solo modo de pensar porque «ya han llegado» a un supuesto final de camino). La *seguridad* no existe en ningún lugar, físico ni pensado ni imaginado, solo existe en tal caso la *seguridad* en el saber y conocer que todo es susceptible de un cambio constante.

Lo que Pedro explica a continuación es otra forma de encarar y enfocar el concepto seguridad, pero quería introducir esta forma de mirar los conceptos por si te sirve para, más tarde ante el espejo o en el sofá, analizar qué es para ti esa seguridad que anhelas conseguir.

Todos deseamos alcanzar una mayor seguridad en nosotros mismos, es común escuchar a todo tipo de personas lamentarse por su inseguridad a la hora de tomar decisiones. Pero ¿qué es la seguridad realmente? Comencemos pues por comprender qué queremos decir cuando hablamos de seguridad.

De forma errónea, pero muy popularizada, suele entenderse la seguridad como la confianza en poder alcanzar las propias metas y de acertar en los resultados de las decisiones. Se trataría entonces de una forma de estabilidad y control basados en algún tipo de logro o de posesión. Sin embargo, esta forma de entender la seguridad personal como capacidad para el logro o el control tiene un alto de grado de ficción y autoengaño, pues en mayor o menor medida se tiñe de lo que hemos llamado ilusionismo ingenuo. ¿Por qué? Porque por muy capaz que uno sea y por mucho que se esfuerce, los resultados de cualquier decisión nunca están garantizados y dependen siempre en cierto grado de aspectos que escapan a nuestro control, como por ejemplo el azar, las vicisitudes de la naturaleza o las propias decisiones sobrevenidas de otras personas. *Con capacidad y voluntad se puede intentar todo, pero es una falsedad que se pueda conseguir todo.* Con independencia de la fe que se ponga en el asunto, lo cierto es que no hay ningún secreto oculto o «cuántico» al respecto. Ciertos márgenes de incertidumbre y de falta de control siempre están presentes. Es por eso que tomar decisiones importantes no es sencillo y a muchas personas les provoca estados de ansiedad. Si una persona se siente segura en su relación de pareja debido a la convicción de que su pareja no la va a engañar o a abandonar, o si se siente segura preparando una oposición porque tiene alta confianza en que va a aprobar, entonces esta es una *seguridad resultadista*, es decir, basada en la confianza en los resultados. Y más vale entonces que estos buenos resultados se cumplan, porque de lo contrario la caída va a ser cla

morosa. Por eso resulta esencial, como vimos con anterioridad, prepararnos para los posibles resultados adversos cuando tomamos decisiones. Este tipo de *seguridad resultadista* es por tanto frágil y, en tal sentido, falsa. Por ello hablo de la verdadera seguridad como aquella que se basa no en los inciertos resultados, sino en la coherencia con los propios criterios. Definiremos la seguridad, por tanto, como la posesión de un criterio interno fuerte, así como la capacidad para actuar acorde a ese criterio con independencia de los resultados.

Alguien puede tomar una decisión como conducir a ciento ochenta kilómetros por hora por la autopista y, si tiene suerte y nadie ni nada se le cruza en el camino, puede conseguir una divertida dosis de adrenalina sin que ocurra una tragedia. Sin embargo, la decisión era errónea en sí.

Claro que el criterio de decisión de esta persona bien podía ser palmarla, lo que convertiría la decisión de ir a ciento ochenta kilómetros por hora en una *buena* decisión. (Risas. O no, lágrimas mejor). O esa misma persona puede decidir circular prudentemente con su coche y, en cambio, tener un accidente porque revienta una rueda o alguien invade su carril. Su decisión era acertada, si el criterio era seguir vivito y coleando, pero el resultado no.

Quizá era apropiado presentarse a esa oposición y dedicar un tiempo a estudiar, pero por diversos motivos es posible que suspenda y deba empezar de cero otros caminos, y eso no significa necesariamente que se equivocó al dedicarse a ello, sino que tal cosa podía ocurrir y debió contemplarla cuando tomó su decisión. Tu relación de pareja puede parecer que funciona de maravilla, pero es perfectamente posible e imprevisible que aparezca una tercera persona que «se lleve el gato al agua», o que se produzca un proceso de desenamoramiento que no es posible controlar.

En definitiva, una mala decisión puede salir bien y una buena decisión puede salir mal, porque *la bondad de las decisiones no se puede medir por el resultado, sino por el procedimiento, por el proceso.* Una buena decisión es la que está metodológicamente bien tomada en el momento en que se toma, acorde a los elementos que desgranamos en el primer capítulo y, más particularmente, en consonancia con los *criterios internos* de quien decide. La decisión correcta que atañe a la vida de alguien es la coherente al alinear la información disponible (realismo) con los criterios de quien la toma (subjetividad personal). Y el resultado, ya se verá.

Es importante comprender que, siempre que decidamos con coherencia y realismo, una satisfacción básica está garantizada. Aunque como es natural los resultados nos afecten, nuestra conciencia puede permanecer básicamente tranquila por sentir que hemos hecho lo que era correcto hacer.

Esto es, de toda la vida de dios, eso de dormir a pierna suelta porque se tiene la conciencia tranquila. Ser lo que eres, llevar a cabo lo que piensas, reflexionar, mirar el percal, otear el tablero en el que jugamos, observar las herramientas disponibles, los personajes de alrededor, las barreras personales, los posibles desastres... y hacer, en consecuencia, lo que sientes que hay que hacer.

Recuerdo el tiempo que empleé en conseguir tener una relación estable con aquel tipo en concreto. Efectivamente no, no llegó ese resultado, pero la sensación de ser fiel a lo que yo era y pensaba y sentía, jamás me la podrá arrebatar ningún naufragio. Eso no tiene precio, lo que sí tiene es un valor personal inigualable.

Por eso la verdadera *seguridad* depende, en realidad, de uno mismo, y tiene que ver más con la manera en que hacemos las cosas que con lo que logramos haciéndolas. La coherencia de tu acción llega a ser mucho más importante y valiosa que los resultados de tu acción, lo cual es también una manera de enfatizar la necesidad de vivir con la más plena presencia posible, más que con una perpetua orientación de futuro. *Cuando nos ocupamos coherente y oportunamente del presente, entonces el futuro se ocupa oportunamente de sí mismo.*

Esto parece ser el principal olvido de los seres humanos. Hemos convertido el resultado, el objetivo y la meta a alcanzar, no solo en el aliciente esencial sino en el único.

Por eso luego vienen los *madremía*: «Es que es todo tan injusto, es que yo me merezco, es que qué menos que esto me saliera bien». Ale, ya tienes una buena panda de amargados, frustrados y decepcionados pululando por el mundo. No digo yo que mirar con visera o mano en la frente el horizonte sea malo, nada es bueno o malo per se, pero olvidarnos de dónde pisamos, desde dónde nos movemos, cómo encaramos, cómo nos centramos en pos de eso que está *alláncadios*, como se dice en mi pueblo, pues qué quieres que te diga, yo qué sé, qué sé yo.

Definiremos la seguridad como la posesión de un criterio interno fuerte, así como de la capacidad para actuar acorde a ese criterio, con independencia de los resultados.

Una buena decisión es la que está metodológicamente bien tomada en el momento en que se toma, siendo coherente en alinear la información disponible (realismo) con los criterios de quien la toma (subjetividad personal).

¿Y cómo se clarifica y fortalece el *criterio interno*? Usándolo.

No hay otro misterio. El criterio interno en este sentido responde como los músculos del cuerpo, que se fortalecen a medida que se ejercitan: imaginemos a alguien que se ha movido muy poco en su vida y, como consecuencia, tiene los músculos de sus piernas realmente débiles y sin tonicidad a pesar de no padecer ninguna enfermedad. Imaginemos que por tal motivo decide a partir de un momento desplazarse en silla de ruedas. Podría darse la siguiente conversación cuando acudiese a un fisioterapeuta:

—¿Por qué usa usted una silla de ruedas?

—Pues porque me canso enseguida cuando camino un rato, voy más despacio y, además, después me duelen los músculos y tengo agujetas.

—¡No, hombre!, si sigue así pronto no podrá dar ni un paso, sus piernas estarán cada vez más débiles y terminará encamado, y probablemente quejándose de su inmovilidad. Es un círculo vicioso. Precisamente porque sus piernas están débiles debe usted usarlas todo lo posible y aparcar la silla de ruedas, aunque durante un tiempo sea lógico sentirse torpe, molesto e incómodo.

Fortalecer nuestro *criterio interno* es a la mente como fortalecer los músculos es al cuerpo. Las excusas son comprensibles, pero peligrosas, porque actúa el círculo vicioso. Si a causa de un *criterio interno* débil, de que dudamos y tenemos miedo a equivocarnos o al rechazo, nos dejamos llevar por el *criterio externo*, entonces nuestro criterio interno permanecerá siempre igual de débil o más. Cada vez estaremos más fuera y menos dentro de nosotros mismos. La solución que intentamos adoptar para adquirir cierta tranquilidad es la que va a alimentar nuestra inseguridad y a perpetuar nuestra intranquilidad. También alimentamos así la sensación de vacío y de conflicto interno, porque en el fondo sentimos que nos estamos violando o desatendiendo a nosotros mismos. Si para que otras personas no nos rechacen nos dejamos llevar por ellas, en realidad nos rechazamos y olvidamos de nosotros, lo que aumentará nuestro miedo a que también los demás nos rechacen. Para que otros nos quieran, dejamos de querernos y de respetarnos. Nuestra necesidad de aprobación externa se multiplica en consecuencia, porque debemos compensar la falta de autoaprobación.

Es curiosísimo que lo que hacemos para sentir amor sea, precisamente, dejar de querernos. Sería como tener una máquina que fabrica palomitas de calidad insuperable y no usarla porque preferimos ir a comprar palomitas de las que van dentro de una bolsa, y no sabes si lo de dentro son palomitas o minas caducadas de la guerra de Secesión.

Conviene también observar a quién pertenece el amor ese que queremos conseguir. La mayoría de las veces queremos sentirnos aceptados por personas que nos caen verdaderamente mal. Quizá me he pasado, pero sí por personas que no son afines a nosotros. Somos lo que quieren que seamos cuatro *mindundis* que desaparecerían si nos mostrásemos tal y como somos en realidad, pero seguimos persiguiendo que nos acepten en su grupo de idiotas y luego nos sentimos mal por habernos comportado, cómo no, también como idiotas.

Las soluciones espontáneas y cortoplacistas que ponemos en marcha para sentirnos bien son las que provocan que no dejemos de sentirnos mal. En ese círculo vicioso podemos pasarnos la vida entera. Por eso debemos «soltar la silla de ruedas» y caminar con nuestros propios pies.

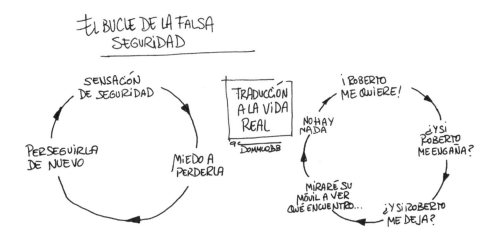

Las soluciones espontáneas y cortoplacistas que ponemos en marcha para sentirnos bien son las que provocan, a modo de círculo vicioso, que no dejemos de sentirnos mal. La única manera de fortalecer nuestro criterio interno es usándolo, y no alejándonos de él por el hecho de que sea débil y confuso.

Subterfugios habituales para violar las prohibiciones

Volvamos sobre las prohibiciones. No es fácil mantenerlas en el tiempo porque nuestro subconsciente casi siempre encuentra caminos para escapar de ellas cuando lo desea. Destacaré las tres formas más habituales en que podemos saltarnos las prohibiciones y no percatarnos de ello tanto como sería apropiado. Por tanto, sugiero permanecer alerta y ponerles freno.

En primer lugar, es posible que no pidas consejos, pero que te dediques en ocasiones a contar algunas cosas de tu privacidad a personas inapropiadas.

Y pueden ser las personas inapropiadas, aunque sean muy amadas. Hablo aquí de personas inapropiadas en el sentido de que si simplemente les contamos ciertas cosas que nos ocurren o ciertos dilemas ante los que nos encontramos, sabemos que probablemente estas personas no van a resistirse a opinar sobre lo que deberíamos o no hacer. Directamente piensan que eso es lo que deben hacer, aunque nosotros les pidamos que solo escuchen. Este es uno de los motivos por los que generalmente no contamos ciertas intimidades a nuestros padres, - - - -> *¡oye, oye, según qué padres!* porque sabemos que no vamos a obtener una conversación constructiva, sino mera preocupación y algún sermón consejero. Pero no es infrecuente que esto ocurra también con algunas amistades bien cercanas, lo cual contamina bastante la relación. Así que en tales casos no estás pidiendo opinión, pero indirectamente estás invitando a que te la den. Y ¿por qué, si no, contamos tal cosa, cuando seguramente sabemos cuál va a ser el resultado? - - - -> *Pa'quejarnos después.* ¿No es, en el fondo, lo que estamos esperando? Lamentablemente, no suelen ser muchas las personas a las que podemos contar nuestros asuntos más privados esperando obtener una escucha activa y una respetuosa actitud de ayuda.

No te será difícil saber quién es de un modo y quién es de otro, es más bien simple diferenciar al que te escucha de manera abierta o el que te dice lo que tienes que hacer, pero he aquí un ejemplo que quizá te sirva de guía:

Cuando alguien tiene una sólida seguridad personal no suele tener apenas secretos, puede desnudar cualquier aspecto de sí mismo si resulta procedente, pues acepta su propia realidad y no se avergüenza ni acompleja por ella; pero tampoco tiene por lo general necesidad de compartirla con nadie. Más bien suele gestionar sus propios asuntos sin ventilarlos demasiado. Así que, a medida que avancemos en las técnicas que te ofrecemos en este libro, probablemente uno de los síntomas que iremos notando es que baja la necesidad de compartir nuestra privacidad y de desahogarnos con los demás. Porque nos ahogaremos mucho menos.

No es la misma sensación que tienen los que dicen: «No se lo cuento a nadie porque la gente es mu'mala y se muere de envidia y te estropean todos los planes que tengas».

La sutil diferencia es que al que siente coherencia dentro le da bastante igual lo que digan, hagan o sientan los demás al respecto, mientras que en los casos de no contar porque la gente blablabla, el foco del asunto y la atención del protagonista están fuera, en lo ajeno, en los demás y no en la calma interna de saber lo que se hace.

Sin embargo, las más potentes y escurridizas maneras de violar las prohibiciones consisten en hacerlo en nuestra conversación interior. Es el caso de cuando no nos quejamos apenas verbalmente, pero no paramos de hacerlo en nuestros pensamientos. El daño que nos procuramos a nosotros mismos de ese modo es casi el mismo. *Tal vez no pidamos consejos ni demos muchas explicaciones, pero es posible que mentalmente nos situemos con mucha frecuencia en las que hemos llamado preguntas del criterio externo («¿Qué va a pensar de mí?, ¿se enfadará?, ¿y si le molesta?, ¿dejará de contar conmigo?, ¿qué es lo normal?, etc.»).*

En tal caso, es como si estuviéramos preguntando a otra persona. En realidad, lo estamos haciendo simbólicamente, estamos especulando en nuestra mente sobre lo que querrán o experimentarán los demás para decidir qué hacer.

Así que recuerda, es importante bloquear tales ideas y preguntas cuando aparezcan en nuestro interior. Pero no es sencillo. Para empezar, el problema es que el pensamiento es mucho más escurridizo que las conversaciones y, por tanto, debemos estar especialmente atentos a cuando salta este aspecto de nuestra voz mental. Pero, además, si bien podemos permanecer en silencio, cerrando la boca ante un impulso interior, no es tan fácil detener esos pensamientos, mucho más espontáneos y automáticos. *El punto fundamental aquí es que no se trata solo de parar esos pensamientos, sino de encauzarlos hacia las preguntas propias del criterio interno que hemos de grabar y fijar en nuestra mente.* Cada vez que nos percatemos de que nos estamos desplazando a la cabeza de los demás o de la supuesta normalidad, debemos regresar a la nuestra; cada vez que nos sorprendamos especulando sobre *criterios externos*, debemos focalizarnos de nuevo en los criterios propios. Será necesario practicar esta pauta durante un periodo de tiempo prolongado, de forma repetida, para terminar creando un nuevo automatismo. Esa constancia es la única manera, con paciencia, de cambiar. Debemos tomarlo como un entrenamiento para ir fortaleciendo el *músculo* del criterio propio.

La tercera manera en que solemos intentar guiarnos por el criterio de los demás es también mental y escurridiza, y consiste en mantener el hábito de la comparación. Por una cuestión evolutiva relacionada con la necesidad del logro y de no quedar en posición de desventaja adaptativa respecto

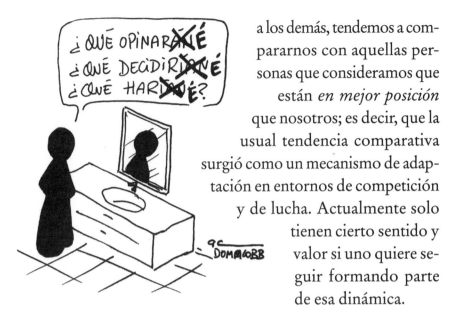

a los demás, tendemos a compararnos con aquellas personas que consideramos que están *en mejor posición* que nosotros; es decir, que la usual tendencia comparativa surgió como un mecanismo de adaptación en entornos de competición y de lucha. Actualmente solo tienen cierto sentido y valor si uno quiere seguir formando parte de esa dinámica.

¿Qué leches será eso de *mejor posición*? ¿Acostados? ¿Tumbados? ¿De pie?... La principal mentira aquí es creer que hay unas personas mejores que otras, que hay alguien por encima o por debajo de mí.

Ruego encarecidamente la creación de la plataforma por la abolición de los pedestales a los que subimos a los demás, basados en vete a saber (por criterios que convendría analizar).

En nuestra vida actual, nuevamente, la tendencia a compararnos con los demás conlleva muchos más efectos negativos que positivos y supone una precaria manera de intentar motivarnos para la superación. No hablamos de tener referentes inspiradores, sino de compararnos

y medirnos con otras personas, lo cual solo puede lastimar nuestra propia relación con nosotros mismos. Aprender de los demás es valioso, compararnos con los demás es destructivo. Al compararnos estamos poniendo en valor las actuaciones, características y decisiones de esas otras personas y, por tanto, despreciando en mayor o menor medida las nuestras. Es otra forma de sacarnos de nosotros mismos y de faltar al respeto a nuestra individualidad. Deberíamos, por tanto, permanecer atentos también a este hábito mental tan automatizado para muchas personas, y ponerle freno volviendo una y otra vez a concentrarnos en las preguntas del criterio interno.

> *Tres maneras sutiles y peligrosas en las que podríamos estar saltándonos las prohibiciones:*
>
> Compartir nuestra privacidad con personas inapropiadas, invitándolas indirectamente a que opinen y aconsejen.
>
> Situarnos mentalmente en las preguntas del criterio externo.
>
> Mantener el hábito de compararnos con los demás.

El hábito de la queja y cómo alimenta el criterio externo

Pero la comparación con los demás no solo es negativa porque nos orienta al criterio externo, sino que frecuentemente también es una manera encubierta de queja y de lamento. Una forma de quejarnos, en definitiva, por lo que creemos que los demás sí son, tienen o experimentan y nosotros no. El tema de las quejas es omnipresente y omnipotente en la historia de las limitaciones humanas. En mis sesiones de terapia, lo habitual es que yo no solo pida a las personas que se ciñan a las tres prohibiciones anteriores, sino que también enfatizo la necesidad de prohibirse tanto las quejas verbales como las mentales, practicando su reconversión en otro tipo de pregunta alternativa como: «*¿Qué puedo, o qué podría hacer yo al respecto de esto (de lo cual me quejo)?*».

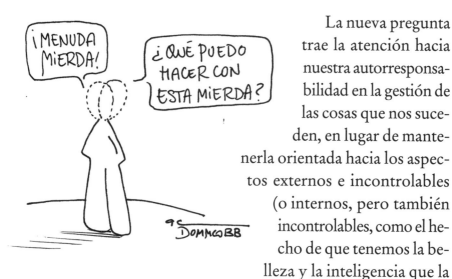

La nueva pregunta trae la atención hacia nuestra autorresponsabilidad en la gestión de las cosas que nos suceden, en lugar de mantenerla orientada hacia los aspectos externos e incontrolables (o internos, pero también incontrolables, como el hecho de que tenemos la belleza y la inteligencia que la naturaleza nos ha concedido, y no las que nos gustaría tener). El hábito de la queja, ya sea que se exprese a través de las comparaciones fastidiosas con otros o de cualquier otra forma, es aquí relevante por su estrecha relación con nuestra huida hacia criterio externo:

Por un lado, es otra forma de sacarnos fuera de nosotros mismos, nos aleja de nuestra autorresponsabilidad, de la conciencia de nuestras decisiones y de nuestras capacidades para encarar y gestionar la vida.

Por este motivo, es otra excelente manera de crear círculos viciosos que conducen al empeoramiento o perpetuación de todo aquello por lo cual nos quejamos. Las quejas son frecuentemente el resultado de nuestras decisiones inconscientes y, al hacerlas, alimentamos aún más esa inconsciencia y con ello la incapacidad para reconducirnos. Cuando nos prohibimos las quejas repetidas por las cosas que ocurren, por las consecuencias y los resultados de nuestros actos, nos estamos obligando a tomar mejor conciencia de esos actos y decisiones, así como a asumir lo que sea que resulte de ellos. Por eso, *las personas que menos se quejan suelen ser más reflexivas y consecuentes, pues tienden a decidir con conciencia.*

Hay dos formas en las que damos poder a otras personas para que nos critiquen y sermoneen cuando las cosas nos vayan mal:

La primera es haber permitido que nos diesen consejos sobre lo que debíamos hacer y, desde luego, no haber seguido esos consejos. Entonces fácilmente vendrán los «te lo dije», «si me hubieras hecho caso», «eso te pasa por...», etc. Por tanto, cuando cumples con las tres prohibiciones señaladas y no permites tal cosa, nadie podrá venir después con ese tipo de expresiones.

La segunda es quejarnos de nuestros resultados o, en general, de lo mal que nos van algunas cosas. Estas quejas funcionan a modo de excusa, ya que consisten en atribuir nuestro fastidio a ciertos aspectos incontrolables de los que supuestamente hemos sido víctimas, incluyendo aquí la queja de nuestra propia incapacidad, la culpa, como víctimas de nosotros mismos. En tal caso, estamos permitiendo nuevamente que los demás nos recuerden que eso nos pasa por no aceptar sus consejos y por haber hecho las cosas a nuestra «torpe manera».

En cambio, si asumimos coherentemente las consecuencias de nuestras decisiones, entonces podemos callarlos simplemente con una expresión del tipo: «¿Pero yo me he quejado? Sabía que esta posibilidad existía, que esto podía pasar, y ha pasado. Mala suerte. Ahora me hago cargo de asunto, y aquí se acaba la discusión».

Demasiado discurso veo yo ahí, se recomienda, cuando empiecen con su retahíla de opiniones, esbozar un sencillo 'ñiñiñi' o el conocido e inigualable zasca: «Claro que sí, campeón».

Si esa persona que decidía dar la vuelta al mundo en bicicleta viene lamentándose de ciertos aspectos de su calvario, es probable que algunas personas de su entorno se froten las manos porque vean la ocasión perfecta para *restregarle* lo loco que le dijeron que estaba, la razón que tenían y el caso que les tendría que haber hecho. Pero eso no ocurre tanto por haber tomado su propia decisión como por haberse quejado de lo que resultó de ella. *Y si se dan esas quejas es porque fue una decisión poco consciente, deficientemente valorada y mal asumida cuando se tomó.* Además, de nuevo funciona el bucle, y en este caso, visto de forma positiva, cuando de verdad uno se prohíbe a sí mismo las quejas se está obligando a aumentar el rigor y la conciencia de sus actos y decisiones. ¿Por qué? Porque sabe que luego no valen las excusas.

Puede darnos cierto miedo tomar nuestras propias decisiones y hacernos cargo de nuestros asuntos y que, después, nos lleguen las críticas y nos pongan en evidencia si las cosas nos van mal. Ese puede ser un factor importante para frenarnos o para dejarnos influir de manera inapropiada, pero es fundamental interiorizar que eso solo puede ocurrir si incumplimos esta última prohibición respecto a detener las quejas, lamentos y excusas.

El hábito de la queja, ya sea que se exprese a través de las comparaciones fastidiosas con otros o de cualquier otra forma, es otra huida al criterio externo. Las quejas son frecuentemente el resultado de nuestras decisiones inconscientes y, al hacerlas, alimentamos aún más esa inconsciencia y con ello la incapacidad para reconducirnos, pero también damos poder con ellas a los demás para que nos juzguen y presionen.

La empatía como la mejor fuente de información sobre los demás

En alguna ocasión hemos mencionado ya la importancia de las habilidades empáticas para llevar a cabo adecuadamente las pautas que aquí discutimos. El tema de la empatía es realmente tan amplio y trascendental que supera las posibilidades y pretensiones centrales de este libro. Aquí nos limitaremos a destacar el hecho de que, si hablamos de obtener información fiable y de calidad para poder tomar nuestras decisiones, en muchísimas situaciones esa información no tiene solo que ver con características técnicas, peculiaridades y posibilidades de las cosas materiales, sino que por lo general nuestras decisiones requieren tomar en cuenta las características, peculiaridades y posibilidades de otras personas.

Cosa que prácticamente es un hecho inviable, porque el ser humano, ese otro al que queremos o pretendemos conocer, es siempre un ente inabarcable.

Ojalá seas consciente, alguna vez en la vida vidorra, aunque solo sea por unos instantes, de que nunca jamás conocerás a alguien del todo, ni siquiera a ti mismo, porque somos una constante creación, un continuo recrearnos.

Cada vez que alguien dice: «Es que te conozco demasiado bien», un gatito se suicida desde algún primero derecha (o entresuelo izquierda, que lo mismo da).

¿Sobre la base de qué información decidimos si es apropiado contar algo a una persona determinada, y la forma y el momento de hacerlo?, ¿sobre qué información decidimos si es adecuado intentar una relación con una persona, o si es apropiado alejarnos de ella?, ¿cómo saber si es buena idea prestar un dinero a alguien?, ¿es razonable que creamos lo que nos dice el otro, incluso cuando él parece convencido de lo que dice?, ¿cómo saber qué tipo de límite aplicar a alguien en particular?, ¿cómo decidimos a qué representante o líder apoyar?...

Que no nos guiemos por el criterio de los demás para hacer nuestras elecciones y guiar nuestro comportamiento no significa que no debamos intentar comprender a las demás personas, haciendo un esfuerzo de empatía con ellas. Nuestros criterios de actuación deben aplicarse y alinearse con la información disponible y relevante para decidir. Entre esa información relevante suele estar la realidad de cómo son las personas a quienes de algún modo involucra nuestra decisión. Una cosa bien diferente, como estamos destacando, es dejarnos influir por la opinión de terceros que, más que ofrecernos información que nos ayude a empatizar mejor con las personas involucradas en nuestra decisión, se limitan a aconsejarnos cómo debemos comportarnos respecto a ellas.

Me probaré con un ejemplo común para entendernos *másmejor*; imagina que estás hasta la coronilla de tu relación y que andas valorando si continuar o no.

Además de la información que irás cogiendo del entorno (cuánto cuesta la chabola de alquiler a la que te irás cuando dejes de vivir con esa persona, cuánto cuesta abrirse un *tinder* porque no sabes estar solo y, si la dejas por la mañana, por la tarde ya te habrás apuntado a una red de ligues y escarceos, cómo de consciente eres de lo que pesa la soledad cuando no te miran ni los perros abandonados de las calles, etc.), tendrás que valorar también qué capacidad tiene la persona a la que llamas pareja para cambiar o evolucionar. No es lo mismo dejar a un cenutrio que dejar a alguien que se implica en su crecimiento personal.

En resumidas cuentas, si crees que hay posibilidades reales de encauzar la relación a mejores términos o si, por el contrario, la decisión adecuada es soltar un «ahí te quedas, *platolivas*» más fresco que un bollo recién hecho. Si has observado que tu pareja es una persona con profundo interés en el autoconocimiento, con disposición y apertura para reconocer posibles actitudes a transformar, si es una persona que valora y da prioridad a vuestra relación y que quiere trabajar por ella como un equipo, a buen seguro tu decisión de terminar la relación urgentemente no será la misma que si la persona que tienes al lado solo ha oído hablar de *cambio* cuando ve algún partido de fútbol en el que el delantero se ha lesionado y hay que sacar a otro jugador.

¿Entiendes la tontuna que acabo de explicar? Yo tampoco.

Obtener información pertinente en casos como los de los ejemplos anteriores pasa por desarrollar nuestras habilidades en el conocimiento de los demás. *La subjetividad, fiabilidad, capacidades y limitaciones, intenciones, etc. de esas otras personas implicadas en nuestras decisiones constituyen la base de la información que necesitamos.* Dicho de otro modo: tenemos que aplicar nuestros criterios para decidir sobre unas situaciones e información que incluye comprender del mejor modo posible cuáles son los criterios y posibilidades de otras personas. El conocimiento demasiado pobre y sesgado del otro, así como nuestros autoengaños al respecto, nos va a llevar a tomar decisiones erróneas, pues tomaremos en cuenta una información, unas características y unas posibilidades falsas o incompletas. - - - ˷ - - ≫ Partiendo de la base de que toda percepción del otro, por muy amplia y extensa que sea, siempre será sesgada, es cierto que nos podemos ir apañando.

Pero el conocimiento acerca de los demás requiere, de un lado, acceder a cierta información disponible sobre ellos que pueda ser importante ahora para nosotros (como quizá sus conductas en el pasado y en otras situaciones, su capacitación acreditada, el entorno en el que se mueven, etc.); de otro lado requiere una cierta capacidad de comprensión en torno a elementos más sutiles de la conducta, así como cierto conocimiento de su posible significado, de la naturaleza y posibilidades del comportamiento humano y de la manera en que unas características suelen estar más o menos relacionadas con otras, permitiéndonos predecir ciertos escenarios futuros.

Lo sé, es leer esto y pensar: La madre que me parió, como tenga que tener todo eso en cuenta a la hora de tomar una decisión, la tomaré al borde del lecho de muerte, justo un cuarto de hora antes de la extremaunción. No decaigas, no te rindas, estamos contigo.

En el ejercicio de la empatía estamos intentando conocer la individualidad y singularidad de otra persona desde las observaciones, apreciaciones y conocimientos de que dispone nuestra propia individualidad y singularidad. Es esta una tarea muy resbaladiza, ante la que nunca existe una perfecta habilidad ni una completa fiabilidad, que está sujeta a diversos tipos de engaños y distorsiones, lo que conlleva en todos los casos variados márgenes de incertidumbre.

SÉ PERFECTAMENTE CÓMO ERES, ROBERTO

SOY FERNANDO

Roberto y Fernando siempre dan mucho juego.

Uno de los problemas habituales aquí consiste precisamente en el hecho de que está muy generalizada una concepción errónea de la empatía. Esta no consiste en mimetizarse o fundirse con las emociones de la otra persona (simpatía lastimera), ni tampoco en atribuir a otro lo que nosotros haríamos o sentiríamos si estuviéramos en su situación (proyección de lo nuestro en el otro), ni en justificar su conducta con resignación por el mero hecho de comprenderla. La empatía consiste, en cambio, en obtener el mejor acceso posible a su particularidad, a cómo se configura su cabeza y sus posibilidades.

Respecto a lo de atribuir al otro lo que nosotros haríamos o sentiríamos en la misma situación, recuerdo, por ejemplo, un caso de tristeza y malestar en otra persona:

Antes, cuando era más tontucia que ahora, creía que lo que había que hacer era tratar a los demás como me gustaba que me trataran a mí. A lo que voy, yo antes necesitaba hablar, sentirme arropada, cuidada y atendida cuando me sentía como un marrón oscuro casi *mierder*. Pues eso es exactamente lo que yo hacía con los demás. Resulta que en ese *los demás* (como ya expliqué anteriormente), hay diferentes formas de encarar la tristeza y el marrón oscuro casi *mierder* cuando llega. Aprendí con aquel tipo que él prefería estar solo inmundo cuando se sentía como el ojete y que mis cuidados y atenciones lo único que hacían era joderlo aún más.

Y ya está, eso es todo lo que quería contar en este párrafo para que se entendiera la cuestión. Que conviene observar y más directamente incluso preguntar, que ir por ahí con nuestras conductas a salvar al mundo mundanal.

Esta comprensión empática es la única forma de protegernos, de estar adecuadamente prevenidos y cautelosos ante las personas inconvenientes para nosotros, pues solo desde una buena comprensión de su singularidad podemos tomar en consideración los muros que presentan y contra los que sería previsible que chocáramos si decidimos de manera errónea. Un ejemplo claro de esto es cuando decidimos confiar de algún modo en alguien que, a tenor de ciertas características que muestra, es manifiestamente poco confiable. Una buena empatía nos permite ser más capaces de detectar eso.

Si queremos tomar buenas decisiones en la vida, las habilidades empáticas se convierten en una asignatura imprescindible.

> Habitualmente tenemos que aplicar nuestros criterios para decidir sobre unas situaciones e información que incluye comprender del mejor modo posible cuáles son los criterios y posibilidades esperables de otras personas. El conocimiento demasiado pobre y sesgado del otro, así como los autoengaños al respecto, nos va a llevar a tomar decisiones erróneas, pues tomaremos en cuenta una información, unas características y unas posibilidades falsas o incompletas.

¿Egoísmo insano?

Amo esa frase que inventé yo misma que dice:
«El egoísmo es como el colesterol, hay del bueno y del malo».
¿No es brillante? No, ya lo sé, no hace falta que gritéis.

Es posible que llegados a este punto tengamos la sensación de que comprometernos con todas estas pautas nos puede volver egoístas en exceso. Esa sensación de malsano egoísmo podría suponer un freno para llevar a cabo estas pautas y prohibiciones con buena determinación. Así que es muy importante percatarnos de que no tiene absolutamente nada que ver con eso. Cumplir en la mayor medida posible con las tres prohibiciones básicas, tanto a nivel verbal como mental, no nos hace más egoístas, sino que tan solo nos hace ser más nosotros mismos.

Puede parecer, debido al movimiento actual de quererse a uno mismo, que en ese querer sobran los demás. Internet está lleno de frases que incitan a pensar en uno, valorarse uno, amarse uno, protegerse uno... olvidando en esa ecuación que somos más que solo un ente separado del todo que nos rodea. Como parte del grupo, como granito de arena en el desierto, somos tan grandiosos como ínfimos y es en la relación con los demás donde y como puede uno aprender a conocerse, saber del respeto, del amor, del valor, de la (auto) empatía... Qué mejor práctica que poner a ese corazón que llevas por montera a jugar a relacionarse con los que tienen dos agujeritos en la nariz y se parecen a vos. Olvida un poco el tono peyorativo que se le ha dado a la palabra egoísmo y ocúpate de ti obviando esa falsa y dañina premisa. Te aseguramos que todas las relaciones que emprendas serán más sanas si parten desde ahí, desde ese centro íntimo, soberano y con la hegemonía suficiente como para sentirse bien lozano y saludable.

En todo momento estamos hablando de cómo actuar cuando encaramos decisiones personales, que pertenecen a tu particular ámbito de responsabilidad. ¿Por qué debería ser entonces de otro modo? *Muchas personas pueden considerar que eres egoísta porque haces con tu vida lo que quieres tú en vez de lo que quieren ellos.*

Es una forma interesante de jugar con el concepto de egoísmo para controlar e imponerse, inculcarnos un sentimiento de culpa por mostrarnos libres. Tal manipulación del concepto de egoísmo ha estado siempre muy presente en las culturas humanas, en buena medida porque, hasta ahora, la cierta estabilidad de todo grupo social se ha fundamentado en el control, en vez de en libertades y conciencias lo bastante evolucionadas como para coexistir en armonía.

¡Ah!, ¡qué maravilla que ese mundo fuese posible!

Es preciso recordar que, seguramente, en tus criterios internos, personales, también presentas valores prosociales como la amabilidad, el respeto, la honestidad o la generosidad. Así que actuar siguiendo tu propia voz interior también supone mostrar este tipo de valores.

El punto crucial es discernir si nuestra acción supuestamente noble y considerada hacia los demás se basa en nuestro criterio interno y por tanto es una expresión de autenticidad y libertad personal por tu parte, o si por el contrario no es más que una expresión de que estamos bien condicionados o, más aún, amaestrados. Si, pongamos por caso, a alguien le apetece y le sale de dentro colaborar con una ONG y dedicar una buena parte de su tiempo y recursos a ayudar a los desfavorecidos, desde luego debería hacerlo. Pero también, si por algún motivo esa actividad no encaja dentro de sus valores, o si no cree tener los recursos apropiados para ello, entonces no debería colaborar con esa ONG solo para que otros consideren que es muy buena persona, para que lo quieran o para alimentar su orgullo de «ser guay».

También está la opción de que sea uno mismo el que enmascare o distorsione sus propios preceptos, creyendo que *tiene que hacerlo* solo porque se ha dicho a sí mismo que es obligatorio ser buena persona.

Que si eso, otro día, en otro libro, en otro capítulo suelto del mundo literario, podríamos hablar de qué es ser *buena persona* y qué cualidades, virtudes y aptitudes hemos creído que corresponden a tal concepto.

También hay mucho de esto, y tal cosa sí que es, precisamente, malsano egoísmo encubierto. Pero, puede pensarse: ¿Acaso la colaboración con la ONG no es la misma en ambas circunstancias, y por tanto también el beneficio que crea?, ¿está mal canalizar las propias debilidades de una manera tan constructiva? Se trata de un asunto muy profundo y sutil, porque lo cierto es que la motivación, las razones y criterios por los que hacemos las cosas pueden ser, en último término, más importantes que las cosas que hacemos. - - - -> Como citábamos, es más importante y esclarecedor desde dónde se hacen las cosas que las cosas que se hacen.

Los actos que vienen contaminados por motivaciones espurias, falsas y poco auténticas se traducen inevitablemente en acciones inadecuadas y, de algún modo, corruptas. Esto, antes o después, deriva en nuevas dificultades y conflictos similares o peores que los que se trataba de resolver. Es el caso, por ejemplo, de lo que ha ocurrido a lo largo de la historia cuando se lleva a cabo una revolución para conquistar mayores cotas de libertad y justicia, y después de un tiempo es el nuevo régimen revolucionario el que aplasta la libertad y la justicia. Esto ocurre del mismo modo en pequeñas esferas y a título individual. Cuando el interior del que surgen los actos prosociales no es limpio, propio y auténtico, es cuando aparecen motivaciones insanamente egoístas que afectan a la manera de hacer las cosas, tiñéndola con ese juego y de alguna forma pervirtiéndola.

Me estoy acordando de esa forma de enalte-
cer y vilipendiar a aquella clase política que nos robó,
o que se enriqueció con nuestra pasta y a la que, aun
así, seguimos respetando porque «oye, mira qué ro-
tondas nos hizo, mira qué farolas, mira qué centro
social». Pues eso, que, aunque Pedro afirme que la acción
queda tergiversada y que tiene poco de auténtica y honesta, cosa que
corroboro firmemente, parece que a muchos les da bastante igual
desde dónde se hagan las cosas si con ellas se enriquecen.

Podría expresar aquí mi inquietud, impotencia e incomodidad
ante esto, pero no hay viñeta que pueda representar la dimensión
de lo que siento.

Esa falta de saneamiento mental, esa carencia de una
verdadera seguridad personal y adecuada individualidad, es
un gran motivo por el que los seres humanos, continuamente
a lo largo de la historia, creamos falsas soluciones a problemas
que nos conducen a nuevos problemas para los que creamos
nuevas falsas soluciones que generan nuevos problemas...

Cuando el efecto que producen las acciones, por muy importantes que nos parezcan, no viene sustentado en un estado profundo en el que enraízan esas acciones, entonces la fruta de ese árbol va a tener más imagen que sabor y se va a pudrir con mucha facilidad.

Respecto al individuo, nos servirían muchos ejemplos, pero me quedaré con uno en particular: Yo antes era una persona muy generosa (ja) y detallista, organizaba todas las fiestas sorpresa de mi familia, bodas, comuniones, cumpleaños, bautizos y divorcios, estaba atenta a lo que otros pedían o requerían o... La cuestión es que yo creía ser todo eso de una manera genuina y auténtica, pero resultó que «claro que sí, campeón». En el fondo lo que yo buscaba cuando me excedía en ese tipo de tareas (restándome tiempo personal para otras cosas), era, aunque lo dijera con la boquita pequeña, que me agradecieran todas mis acciones. No es que quisiera un gracias en luces de neón, pero sí necesitaba que valorasen lo que hacía.

De todo esto me di cuenta cuando observé las razones de mis actos. El *desde donde* lo hacía cobró más importancia que lo que hacía. Así pues, cuando supe que aquellos hechos salían de la carencia de afecto y de la necesidad de ser valorada por el entorno, entré en *catacrack*. Con el tiempo aprendí que hay una generosidad en mí que es natural, que no espera, que no quiere cobrar nada después, que no pasa facturas, que surge y nace de manera espontánea y que está hecha desde la autenticidad. Sigo ahora haciendo cosas, organizando o siendo detallista, las cosas pueden parecer las mismas, pero desde donde las hago ya no tiene nada que ver con aquello. No imagináis lo liberador que resulta eso.

Quizá el lector ha leído alguna vez esa frase graciosa y popular que dice algo así como «está bien ser auténtico, salvo que seas imbécil».

A mí también me gusta mucho la de «sé tú mismo, excepto si eres gilipollas, entonces es mejor que seas otro».

Pero es importante notar que, aunque pueda resultar divertida, esta frase contiene una mirada muy superficial de la supuesta imbecilidad, puesto que *nuestra más profunda autenticidad raramente puede ser calificada de imbécil.* Podemos comportarnos como imbéciles, por lo general, precisamente por falta de autenticidad, por nuestras máscaras psicológicas, por nuestros complejos, temores y vanidades que, como veremos, son capas más bien superficiales en la *cebolla* de la autenticidad.

> Cumplir en la mayor medida posible con las tres prohibiciones básicas, tanto a nivel verbal como mental, no te hace más egoísta, sino que te hace más tú. En tus criterios internos también hay valores prosociales.

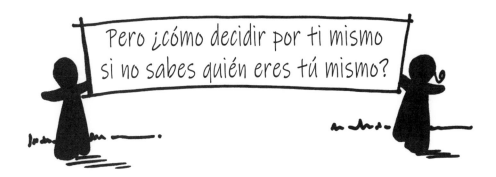

LO QUE SIENTO CUANDO HABLAN DE "SER UNO MISMO"...

Criterios externos infiltrados como internos: el caballo de Troya

Venimos subrayando la importancia de que cada uno aprenda a tomar decisiones por sí mismo, ganando así una mayor seguridad, conexión consigo mismo y coherencia interior. Esto da lugar al antídoto más eficaz contra el sufrimiento: la paz interior, la ausencia de conflicto interno. Nos adentraremos a partir de ahora en una parte verdaderamente resbaladiza en la que muchas personas prefieren no entrar pero que, sin embargo, resulta esencial. En efecto, se plantean algunas cuestiones determinantes: *¿cómo decidir por ti mismo si no sabes quién eres tú mismo?* Incluso cuando crees decidir por ti, *¿realmente decides tú, o lo hace la colección de voces internas que has acumulado y que piensas que te definen?, ¿quién eres tú realmente?*

Quizá nos pueda agobiar plantearnos este tipo de cuestiones, pero en realidad nuestra vida se desarrolla siempre según nuestra propia filosofía. Es preciso comprender que no se trata de cuestiones meramente conceptuales, sino que poseen unas profundas implicaciones prácticas.

Cuenta la leyenda que a uno de Filipinas un día le interesó saber quién era realmente. Murió solo el pobre. ¡Ja!

En serio, puede que no solo agobie preguntarse tales mierdas por la enredadera a la que tendrás que enfrentarte, es que parece además que cuanto más se adentra uno en cuestiones del p'adentro, más gente se queda fuera de nuestra vida. Pareciera que cuantos más *ti mismos* vas descubriendo, menos *ellos mismos* se te quedan alrededor.

La soledad está servida, querido amigo.

Tomaremos como imagen la leyenda del caballo de Troya. En aquel gigante caballo de madera llevado como ofrenda a los troyanos se escondían los aguerridos soldados griegos, los cuales salieron de él durante la noche para, ya desde dentro de la fortaleza, conquistar la ciudad de Troya. A partir de ahora trataremos de dilucidar si lo que consideramos nuestros *criterios internos* son realmente propios o, por el contrario, son como soldados infiltrados ocultos en nuestro cerebro para imponer su dictado.

Consideremos el siguiente proceso, con el que la mayoría podemos identificarnos en cierta medida:

Es un hecho general que todos nosotros, desde niños, vamos asimilando una serie de valores, creencias y hábitos que, de manera tanto directa como sutil, nos va transmitiendo el entorno en el que crecemos.

Somos hijos de nuestro tiempo y de nuestro entorno. Inicialmente nuestro entorno familiar, pero después la escuela, los amigos y la cultura que nos rodea, nos influyen para que asimilemos en mayor o menor medida nociones como una cierta ideología política, unas reglas morales concretas acerca de cuestiones como el aborto, la homosexualidad, una determinada concepción religiosa, unas actitudes y preferencias acerca de distintas situaciones que la vida nos trae, etc.

En definitiva, idearios concretos sobre lo que es justo, bueno y adecuado. Podemos integrar en nosotros ese tipo de ideas y actitudes bien por absorción o, incluso, por rebelde oposición a ellas.

Que es el mismo perro con distinto collar. La cuestión es que, de uno u otro lado, permanecemos atados a algo externo, ya sea copiando ideas o imitando conductas, o bien yéndonos al lado opuesto.

Al llegar a cierta edad, en la juventud, llega un momento en que empezamos a recibir nuevas y diferentes fuentes de información y perspectivas. Además, cada vez vamos siendo más capaces de cuestionarnos las cosas, hacernos preguntas y pensar más por nosotros mismos. Como resultado de este proceso madurativo, a menudo ocurre que empezamos a desmarcarnos de algunas de esas creencias, actitudes y valores que teníamos asumidas. En ocasiones llegamos a desprendernos de todo ese bagaje por completo. Podemos, por ejemplo, renegar de la visión religiosa o política con la que crecimos y que parecíamos tener tan asimilada, o simplemente cambia de forma poderosa nuestra percepción y actitud hacia determinados temas.

He tenido y tengo la gran suerte de estar cerca de mis sobrinas a lo largo de sus vidas, las cuales han ido atravesando esa etapa adolescente en la que, bajo observación exhaustiva (es ahora cuando ellas me leerán y entenderán que las he utilizado para mi tesis sobre el ser humano... esto es, para hacer viñetas...), he ido confirmando, dando fe como un notario andante, de ese proceso madurativo en el que muchas cosas en las que creían se les iban deshaciendo, muchos temas que apoyaban desaparecían y otros tantos colapsaban en sus mentes. Creer en dios (uno concreto) y dejar de hacerlo, apoyar unas ideas políticas e ir a las contrarias, dudar de esa carrera que siempre dijeron que les gustaba, cuestionar el concepto que tenían acerca de por qué tendrían que ser lo que sus padres no fueron... En fin, pobrecillas y qué suerte que vayan descubriéndose a sí mismas mientras yo puedo gozar al observarlas florecer en su autenticidad.

¿Por qué es importante reparar en todo este proceso? Porque ilustra a la perfección algo que en mayor o menor medida todos hemos experimentado, esto es, que *nuestra*

verdadera voz interior suele estar más adentro que eso que normalmente consideramos nuestra voz interior.

El proceso descrito muestra cómo todo aquello que considerábamos nuestras creencias, valores y actitudes, nuestras formas de pensar, no eran intrínsecamente nuestras, sino adherencias mentales inculcadas por nuestras circunstancias vitales y nuestra historia personal. Es en ese momento de apertura a nuevas informaciones cuando empezamos a dudar, a cuestionar nuestros propios criterios, descubriendo tal vez que no eran realmente nuestros, sino que los traíamos con nosotros de manera replicante y sin un verdadero cuestionamiento. *Eran en realidad criterios externos que se hacían pasar por internos, creencias incorporadas (como todas las creencias) y demasiado pegadas a nuestro centro, confundidas con él.*

En general, no reparamos con el suficiente interés en el hecho de que nuestras formas de pensar vienen condicionadas poderosamente por el lugar y el tiempo en que nos toca vivir.

¿Nos detenemos a considerar cómo serían nuestros criterios si hubiésemos nacido en una aldea subsahariana, en plena Edad Media o en la Rusia bolchevique...? ¿Alguien puede dudar de que con toda probabilidad nuestras maneras de creer, valorar y priorizar serían ampliamente diferentes? ¿Hasta qué punto la mera casualidad o coincidencia de unas circunstancias de vida particulares no es lo que determina principalmente nuestros criterios?

No se trata solo de que cada época y lugar nos envuelve de ideas políticas, religiosas o acerca de la moral cotidiana, sino también, de que vivimos sobre unos presupuestos profundamente arraigados y generalmente asumidos por la sociedad, pero que no dejan de ser opciones cuestionables, cuando no incluso científicamente rebatibles. Hablamos, por ejemplo, de tópicos en la sociedad actual como la cultura del esfuerzo y la meritocracia, la bondad del modelo de crecimiento económico, etc. La propia educación formal o reglada, a la que en cada época y entorno nos vemos todos sometidos, se estructura para transmitir unos particulares conocimientos y valores que pretenden replicar los modos de vida establecidos. Tal como señalé en mi ensayo *El mundo necesita terapia*: «A lo largo de toda la historia, los sistemas educativos han modelado y remodelado nuestra mente en función de sus necesidades en cada etapa. Resulta lógico. Nos centramos en mejorar aquellas capacidades mentales que necesitan los sistemas económico y político vigentes, y al mismo tiempo olvidamos e incluso degradamos otras capacidades». Es por ello que, cuando se habla de libertad educativa, de lo que en verdad se suele estar hablando es de libertad para adoctrinar al gusto de las particulares ideologías de los padres. La verdadera libertad educativa es algo extraordinariamente difícil de conseguir, por no decir imposible, ya que incluso la propia elección de unos contenidos y materias educativas con exclusión de otras ya expresa e induce unos determinados valores, unas prioridades y no otras.

La importancia de estas consideraciones tiene que ver con la necesidad de preguntarnos sobre la naturaleza de nuestro *criterio interno. ¿Realmente emerge de nuestra libertad y de nuestra individualidad?, o en realidad, ¿está formado por una serie de adhesivos mentales fijados a lo largo de nuestra historia de condicionamientos y nuestro entorno cultural? ¿En qué consiste ser libre?*

Estar convencidos de que decidimos por nosotros mismos no significa necesariamente que en verdad lo estemos haciendo. Lo que consideramos nuestros propios criterios pueden ser solo el resultado de la domesticación y moldeamiento que nos inculcaron. No solemos cuestionarnos mucho este hecho debido a que, como ya hemos referido al principio, solemos estar robotizados para creer que somos libres, lo cual constituye la mejor salvaguarda de esa misma robotización.

Pero entonces, ¿qué debemos hacer para separar «nuestra piel de nuestro ropaje», para distinguir nuestro yo natural y profundo de sus adherencias externas, nuestra auténtica voz interior de las voces intrusas camufladas? Es una pregunta tan importante como compleja, porque las distintas adherencias o condicionamientos se pegan a nuestra mente al modo de capas de una cebolla, con diferentes niveles y grados de profundidad.

Cuando aquí hablamos de nuestro verdadero yo, nos estamos refiriendo al que corresponde a nuestra libertad esencial, a lo que emerge de un sí mismo que idealmente estuviera por completo libre de condicionamientos, aprendizajes circunstanciales y contaminantes externos. Ese yo puro, esencial y auténtico, ajeno a las circunstancias y atemporal, es por tanto una utopía, un estado en el que nadie se sitúa por completo para siempre. Decidir con plena libertad debemos considerarlo como un horizonte, un lugar hacia el que profundizar a lo largo de la vida de manera siempre incompleta, dejando caer una tras otra las capas cada vez más profundas que nos colgaron nuestros entornos, presiones sociales, experiencias vitales y marcos culturales. Nos pasamos parte de la vida construyendo capas, una aparente forma del yo a la que llamamos ego. Ahora hablamos de pasar el resto de la vida reconociendo esas capas como tales y separándolas de nuestro yo esencial y natural. Es propiamente un proceso de autoliberación y desaprendizaje.

Es profundamente necesario que pongamos de moda el verbo *desaprender*, llámale deshacer o derribar. Quizá lo único que tenemos que hacer (además de tirar la basura, hacer la compra, ducharnos y esas mierdas) es darnos cuenta de lo que NO SOMOS más que pasarnos la vida buscando lo que sí.

Echa un vistazo: (así como el que baja a por el pan) qué te habita que no eres realmente *tú*.

Profundiza, ahonda, bucea hacia dentro (verás qué risas... y qué maravilla de libertad). He pasado millones de horas reflexionando (me), preguntándome, buscando ese centro de libertad que tarda toda una vida en *aparecer*. Pero qué majestuoso ejercicio es para mí, qué sublime quehacer...

Ahora es cuando se oye una voz que dice: menudo coñazo tiene que ser esta mujer.

> Nuestra verdadera voz interior suele estar más adentro que eso que normalmente consideramos nuestra voz interior. ¿Y si lo que consideramos nuestro criterio interno, propio, no son sino criterios externos que se hacen pasar por internos, creencias incorporadas y demasiado pegadas a nuestro centro como para reconocerlas como ajenas?

Más allá de la ya analizada experiencia de nuestra evolución en la juventud, podemos plantearnos: ¿cuántas otras supuestas ideas y criterios a lo largo de la vida no llegamos a identificar como un mero producto de nuestro condicionamiento, aunque en verdad lo son?

Debemos ser conscientes de que uno no se puede sentir condicionado cuando ni siquiera sabe que está condicionado e, ingenuamente, puede considerarse libre solo por creer

que lo es. ¿Y es tal diferencia, acaso, relevante? Absolutamente. *La gran importancia de tomar consciencia de ello se
explica por dos razones:*

*En primer lugar, por la flexibilidad que la auténtica
libertad nos permite atesorar* para ser capaces de *modificar*
convenientemente esas ideas adheridas, de modo que estas
nunca propicien nuestro sufrimiento, sino que conserven
su carácter utilitario y adaptativo al servicio de nuestras
necesidades naturales y esenciales. Como desarrollé en mi
libro *Adicción al pensamiento*, la diferencia estriba en utilizar esas ideas y hábitos al servicio de nuestra mejor adaptación y de la reducción del sufrimiento o, por el contrario,
vernos demasiado sometidos a esas ideas y estar nosotros a
su servicio.

Por tanto, el proceso de liberación y desaprendizaje
del que estamos hablando no consiste necesariamente en
renunciar a todo lo aprendido e incorporado, sino en sepa-
rarlo y desapegarlo lo bastante de nosotros como para poder
utilizarlo al servicio de nuestras necesidades auténticas y

esenciales, que no son aprendidas sino innatas, naturales e irrenunciables.

Es complicado poder expresar con el lenguaje algo tan magnánimo como esto que pretendemos contar. A veces queremos explicar tanto y tan bien la teoría que corremos el riesgo de enfermar de *catacratismo*, que es lo que nos hace la cabeza cuando leemos y leemos y leemos acerca de eso que somos, *¿qué hay detrás de...?*, *¿qué hay debajo de mis pensamientos?*, *¿quién sostiene este embrollo de la identidad?*, *¿cuántas personalidades/disfraces tengo?*

Y pasa, precisamente, por querer averiguar a través de la *mente condicionada* qué hay detrás de la *mente condicionada*. En fin. Recuerda siempre que hay vida más allá de la mente (otra sublime, brillante y excelsa frase cuya autoría conozco íntimamente, ja).

Además, cuando se produce la ya analizada transformación de juventud, ¿podemos decir que se ha producido una liberación y desprendimiento de criterios externos intrusos, o puede ser más bien que solo hayamos cambiado unos por otros y que sigamos igualmente alejados de nuestro yo auténtico? A menudo solo *cambiamos los cromos*, pero no nos liberamos de ellos. Cambiar un pegamento por otro no es desapegarnos. El proceso requiere bastante atención, honestidad y discernimiento.

Imagina un campo abierto, imagina un prado extenso. Esto serías tú. Ahora imagina que has vivido en ese prado dentro de una chabola o una casa de madera o cualquier estructura/andamiaje en la que has permanecido unos cuantos años (estos representan algunas de tus creencias-sostén para moverte en el mundo).

Imagina ahora que te das cuenta de que todo eso era ilusorio, que ya no te sirve para vivir, que sientes que no te pertenece y que no quieres permanecer ahí, dándole forma y vida a ese modo de hacer, reaccionar, pensar...

Lo que planteamos es que si lo siguiente que haces es crear otro sombraje, otro andamiaje, otra casa/chabola/mansión donde permanecer (nuevas creencias rígidas), por mucho que estas sean *más tuyas* que las anteriores, habrás vuelto a caer en el *error de creer que eres esa nueva cosa*, sin percatarte de que siempre eres el prado entero en el que jugar a construir ideas, formas flexibles de comportarte y en el que puedes divertirte creándote de nuevo en cada milagroso instante en el que sigues vivo.

La segunda razón por la que es importante tomar conciencia de nuestros condicionamientos y esforzarnos en separarnos de ellos es que, aunque hemos hablado mucho de autenticidad hasta ahora, en realidad *nuestros criterios más profundos y esenciales, es decir, más auténticos, son en general muy sencillos y, sobre todo, comparten una dimensión común, salvo algunas pocas diferencias innatas entre las distintas personas.*

Estos criterios más esenciales, nuestros verdaderos principios, se llaman principios porque propiamente son el comienzo de todo, constituyen el punto de partida desde donde construimos nuestra personalidad, nuestras relaciones y nuestro modo de vida. Por eso los principios de nuestra autenticidad no son en verdad aprendidos, sino evocados desde muy adentro, desde el *punto cero* de nuestras capacidades y motivaciones naturales. Más que aprenderlos, hay que reconocerlos. Este es uno de los sentidos que cobra la expresión «conectar con uno mismo».

Aprovecho la ocasión para solicitar la inminente y necesaria orden de dejar de llamar *desconectar* a esos días en los que nos vamos de excursión con nosotros mismos, esos días de estar tranquilos, acompañándonos, cuidándonos. Dejemos, por favor, de llamar a eso justo lo contrario a lo que se hace. En esos días precisamente CONECTAMOS con nosotros y no al revés, como hemos sutilmente creído al llamarlo de ese modo.

Plataforma por... yo qué sé, el hecho de llamarle *plataforma* parece que le da más énfasis a la importantísima tontería que acabo de decir.

En este lugar central de nuestro yo, todas las personas (de todos los lugares y épocas) somos en lo esencial iguales. Todos compartimos, como miembros de la misma especie, las mismas necesidades básicas y naturales (que además son pocas e irrenunciables). *Cuando reconocemos nuestras autenticidades, nuestros yoes esenciales, destaca lo común, lo similar, lo que nos unifica como especie.*

En el sentido último y esencial todos tomamos nuestras decisiones (lo sepamos o no, acertada o erróneamente) para procurar satisfacer esas pocas necesidades o motivaciones naturales, que solo se diferencian de unas personas a otras por una cuestión de grado. Dicho esto, es innegable que cada persona tiene además su sello particular y diferenciador, en términos de un temperamento con el que viene al mundo, unas capacidades o talentos potencialmente mayores que otros, así como unas motivaciones naturales para realizar y desplegar esos talentos.

Más allá de estas estructuras temperamentales y motivacionales innatas, en nuestro yo auténtico, esencial y no circunstancial, no hay nada, no somos nada, tan solo vacío.

VIÑETA VACÍA

Aquí vendría bien una viñeta que representase esa vacuidad desde la que partimos, pero... ah, qué sentido tendría dibujar *algo* en ella. Así que mira el pequeño dibujo donde no hay ni un solo trazo y listo, ya tenemos una aproximación de lo expuesto.

Nos referimos con ello a que nacemos sin creencias, sin conceptos, sin hábitos, sin cultura. Tan solo contamos al principio con esas pocas capacidades y motivaciones naturales ya mencionadas, además de con un inmenso potencial para llenar el vacío de nuestra mente, como una pizarra vacía preparada para que dibujen en ella. Así, tu yo auténtico, esencial y verdadero, sería en este caso la pizarra, no el dibujo de la tiza. Conectar conscientemente con tu mente vacía de contenido es la premisa para alcanzar tu libertad. Todas las posibilidades se abren cuando entras en contacto con ese vacío, con esa nada. Cuando tienes plena consciencia de que no eres casi nada, te sientes más libre para poder ser casi cualquier cosa.

Así que a lo largo de la vida podemos ir construyendo y expresando distintos yoes, en función de las épocas, situaciones y requerimientos, pero lo fundamental es que esos distintos yoes circunstanciales pivoten flexiblemente desde el yo más auténtico y profundo, el que no es casi nada, pero los soporta a todos desde la conciencia de lo esencial. Solo instalados en la conciencia de ser «pizarra», podemos escribir sobre ella cualquier identidad sin que esta se adueñe de nosotros.

> Hacer un esfuerzo por tomar conciencia de nuestros condicionamientos y profundizar así hacia nuestra autenticidad esencial es trascendental por dos motivos:
>
> *En primer lugar, nos permite conservar la flexibilidad utilitaria de nuestras ideas y creencias, para que no dejen de cumplir una función adaptativa y al servicio de alejarnos del sufrimiento.*
>
> *En segundo, nos permite conectar con nuestra dimensión común como seres humanos, poniendo de relieve lo que nos une más allá de los egos aprendidos y diferenciadores.*

Pero vamos a concretar algo más. - - - ~ _ _ ⇒ Si es que esto se puede cuando hablamos del todo. En líneas generales, podemos decir que los cuatro agentes que se encargan de alejarnos de nuestra libertad son la *inconsciencia propia de la inercia, la esperanza, el miedo y la culpa.*

Estos factores actúan como cuatro soldados griegos llegados a nuestro interior dentro del caballo de Troya, infiltrados que se convierten en los mejores guardianes de nuestro adoctrinamiento y pleitesía al criterio externo.

Con *inconsciencia de la inercia*, nos referimos al fuerte poder que los hábitos y costumbres ejercen sobre nosotros, así como a la presión que supone vivir en medio de la corriente de los tiempos. No hay duda de que nuestra evolución nos ha llevado a desarrollar un cierto nivel de conformidad social, con lo que tendemos a la complacencia con el grupo al que pertenecemos y obtenemos así un sentimiento de pertenencia, aceptación e identidad (familia, tribu, grupo social o ideológico...). Esto permite la cohesión de los grupos y, en principio, fortalece nuestra capacidad adaptativa. Pero todo tiene más de una cara, y esta tendencia natural hacia la conformidad y la homogeneidad se vuelve realmente peligrosa cuando el grupo se encamina hacia lugares inconvenientes. Todas estas inercias sociales en las maneras de pensar y de actuar adormecen nuestra capacidad de considerar otras posibilidades, con lo que dejarse llevar por la corriente se convierte en una actitud cómoda y poco conflictiva. Llegamos así a pensar que esa es la única realidad posible, que así son las cosas, como si no hubiese más visiones posibles de la realidad y nosotros no pudiéramos optar por vivir de otras muy distintas maneras. Siempre parece arriesgado «salirse del tiesto», pero lo cierto es que la mayor parte de las veces ni siquiera somos conscientes de que vivimos dentro de ese pequeño y particular tiesto. Este factor de comodidad y amoldamiento o complacencia a *lo de siempre y a lo de todos* nos presiona para transitar siempre por unos pocos carriles trillados en la vida, que no son todos aquellos otros por los que potencialmente podríamos transitar. - - - -➤ *Díselo a la frase «está todo inventado», que tanto nos gusta decir.* La inercia reduce poderosamente nuestras alternativas de decisión, pero, al estar desde siempre ahí, con nosotros y en nuestra vida, su carácter de agente externo pasa desapercibido y llegamos a creer que es parte de nuestra familia más cercana.

Un aspecto particularmente engañoso y peligroso de esta inercia creada consiste en asumir una gran multitud de anhelos, aspiraciones o deseos que incorporamos a nuestros supuestos *criterios internos* de decisión. En realidad, tampoco forman parte esencial de los mismos, sino que se trata de necesidades adheridas culturalmente, artificiales, es decir, de falsas necesidades. Estas necesidades creadas no son por tanto naturales y esenciales, sin embargo, pueden llegar a integrarse en nuestra mente con suma facilidad y enorme frecuencia, oscureciendo nuestra conciencia de lo que real y esencialmente nos importa. Esta confusión de las pocas necesidades reales, naturales o esenciales con la multiplicidad de deseos inducidos y aprendidos provoca, con demasiada facilidad, una confusión de valores, una priorización de los medios por encima de los fines esenciales y, por tanto, una vida que trascurre sobre unos raíles equivocados que no conducen en modo alguno a nuestra mejor satisfacción global.

El miedo es, como Aquiles en la guerra de Troya, el verdadero líder y el mejor guerrero entre los intrusos. El miedo, en origen, es un útil instrumento cuando se limita, ocasionalmente, a ser una verdadera reacción adaptativa para la prudencia ante circunstancias objetivamente peligrosas. Sin embargo, en general los miedos e inseguridades en todas sus formas e intensidades constituyen un generador central de todo tipo de conflictos y limitaciones psicológicas (complejos, duras autoexigencias, rabia defensiva, celos, envidia, vanidad, etc.). Los miedos de todo tipo estrechan poderosamente nuestras posibilidades y alternativas de elección, nos encarcelan en modos de vida reducidos, rodeados de altos muros para protegernos de peligros que son imaginarios, pero que nuestros fatídicos aprendizajes han inoculado en nuestra mente. Los miedos y sus derivados son ideas, creencias que los excesos y los defectos de los que fuimos objeto en nuestra vida nos hicieron absorber. Se encuentran tan cerca de nuestro yo esencial que producen fuertes reacciones corporales y emocionales. Parecen innatos, como si formasen parte inevitable de lo que somos.

Sin embargo, nuestros miedos y sus derivados no somos nosotros, sino algo que albergamos y nos conviene soltar. Cuando decidimos movidos por estos sentimientos e impulsos, no somos nosotros en realidad quienes estamos decidiendo. *Nuestros miedos pueden camuflarse de nuestros criterios internos, fabricar hábiles autoengaños y excusas para que, falsamente, creamos que lo que nos ordenan surge de nuestra libertad.* Nada más lejos de la verdad, pues el miedo está en el lado contrario de la libertad.

¡ME TIRARÉ POR ESTE BARRANCO!

Corroboremos este párrafo de Pedro observando a un niño más o menos recién nacido. Bueno, recién nacido tampoco porque son como una especie de lechuga o brócoli que solo come, bebe, hace caca y dos o tres cosas más. Vayamos con el niño un poco más hacia delante en el tiempo; un año, máximo un año y medio. Observa a este maravilloso ser y el miedo que surge en él de manera natural. Observa y cuéntanos en la sección notas y apuntes del libro (no existe, no la busques), dónde está su miedo espontáneo y fresco, ese que atribuimos alegremente a la naturaleza humana (la sección notas y apuntes del libro no existe por esto mismo, porque no tendrías nada que anotar).

Miro a mi sobrino Leo que ahora tiene veintidós meses y toca los enchufes, toca el horno encendido, toca la estufa, se sube a peldaños más grandes que su cabeza... y no siente eso que sentimos los mayores (tan tonticos).

Es después, y no digo yo que tenga uno que despojarse de aquello que le protege (el miedo natural o biológico), cuando nos da por ensalzar ese miedo y ponerlo en primera línea.

La esperanza es un concepto que goza de gran prestigio en general, una actitud supuestamente positiva que casi todo el mundo quiere alimentar y, aunque son muchas las formas en que ciertamente la esperanza puede ayudarnos, se suele pasar por alto que tiene un reverso nocivo, algo así como el doctor Jekyll y mister Hyde. Cuando actúa como infame mister Hyde, no solemos reconocerla como lo que es: un gran enemigo disfrazado de aliento y positivismo. *Son muchas las formas en las que no nos percatamos de que la esperanza alimenta en nosotros anhelos y esfuerzos que nos mantienen en marcha, pero probablemente caminando hacia direcciones equivocadas.*

Podemos considerar que nuestros condicionamientos nos presentan a lo largo de la vida unos objetivos que pueden ser más bien como caramelos envenenados, y al mismo tiempo, esos mismos condicionantes suelen alentar la esperanza de que podemos alcanzar esos objetivos impuestos, lo cual nos alienta a seguir peleando alegremente por el veneno. Veamos un ejemplo. Imaginemos a una persona que decida hacer todo lo posible para alcanzar popularidad o cualquier otro logro vanidoso. La cuestión fundamental es que desde su yo esencial nunca tomaría esa decisión, porque no se trata de una motivación natural por la que valgan la pena tantos esfuerzos y renuncias. Así, la esperanza de lograrlo no debería considerarse propiamente algo positivo, sino más bien un guardián de su encasillamiento mental. Además de lo anterior, es importante considerar que la esperanza es el reverso del miedo, su otra cara. Existe también, como en el caso del miedo, por supuesto, una esperanza adecuadamente motivante y de verdad fortalecedora que es importante mantener, pero aquí hablamos de las esperanzas ilusas, engañosas y frustrantes que nos llevan al ilusionismo ingenuo y, en consecuencia, a una desatención inoportuna de nuestro presente y de su gestión real.

Me gustaría a mí señalar, que para eso soy la que escribe este texto (no va a señalar algo aquí la Lola los peines), que la esperanza, en su base, siempre está situada en un futuro y como tal, es solo una idea que generamos para motivarnos, para echar a andar. Vamos, que viene siendo humo porque todo lo que basamos en un tiempo venidero que aún no existe pertenece única y exclusivamente a la mente, y ya me dirás tú la solidez y certeza asegurada que tiene eso. Ponemos en el futuro algo parecido a unas manos que tirarán de nosotros dirigiéndonos a cualquiera que sea el objetivo que nos hayamos marcado.

Como dice Pedro, puede ser alentador, como un plus en el paseo, pero a veces se convierte en un desparramador (ya me vale a mí los términos que utilizo) de energía: en vez de focalizar la atención en lo que estamos haciendo, al hecho en sí que está sucediendo, nos alejamos de ese centro de percepción. Vamos con el ejemplo cutre de la cuestión; una persona a la que su (ex) novio la acaba de dejar y que ahora anda

mortimermoribunder como alma en pena llorando en posición fetal. Esta persona suele albergar eventualmente ideas esperanzadoras que le dicen, le dan forma y le van confirmando, que su deseo de volver con él se convertirá en un hecho factible. Esta estructura de pensamiento está basada en ese humo del que hablaba; sin embargo, la atención sostenida a este humo puede ir dándole tanta forma y veracidad a la idea que el alma en pena en cuestión termine, de nuevo y como de costumbre, en un autoengaño aplastante que la aleja de la realidad creyendo que oh, sí, ya verás qué bien. De hecho, lo que suele ocurrir es que una vez que damos por veraz algún pensamiento, comenzamos a percibir de la realidad las situaciones que confirmarán ese sesgo inventado.

Y mira, no, no vas a volver con él por mucho que la esperanza te diga que sí. Volverás, quién sabe, por otras razones, pero no porque tú hagas grande la expectativa esperanzadora que encaja con tus *yamentiendes*.

La culpabilidad, los remordimientos, son el otro gran factor a través del cual se produce la manipulación deliberada o involuntaria de que somos objeto y, en consecuencia, el estrechamiento de nuestra libertad para elegir y decidir. La culpabilidad es como ese policía interior que una educación limitante y controladora, una especie de «educastración», ha infiltrado muy dentro de nosotros para corregirnos a golpes de porra cada vez que actuamos de un modo no acorde a los criterios externos, a las normas y creencias que hemos internalizado. En general, normalizamos el sentimiento de culpabilidad, pero no tendría por qué ser así, porque la culpabilidad no deja de ser una emoción fundamentada en ideas aprendidas, que nos enfrenta a nosotros mismos y que, más que permitirnos aprender de manera constructiva y desarrollarnos, nos encoge y dificulta los aprendizajes realmente constructivos.

La culpa no se trata en verdad de una emoción natural, sino que es fruto del adiestramiento inadecuado con el que crecemos. Se trata de una emoción particularmente humana porque requiere un fuerte componente cultural y de interpretación, sin el cual no tendría lugar. Este asunto merecería un tratamiento más profundo, quizá en un texto futuro.

Es curioso cómo esa idea de culpa se nos ha pegado en el lomo con tanta facilidad. Está tan integrada en nosotros que la creemos natural y vamos por ahí andando con los efectos de su peso en la solapa. Es como llevar sobre los hombros un carcelero avizor que sabe exactamente cómo tienen que ser las cosas, cómo se hacen, dónde está el bien, dónde está el mal, lo que sí, lo que no y lo de más allá y que anda jodiéndonos la existencia cuando nos salimos de esos patrones (uy, no sé por qué me recuerda esto a algunas religiones... «por mi culpa, por mi culpa, por mi gran culpa»).

No me digáis que no es un filón. No sé quién se inventó este modo de ser y hacer, pero lo bordó y nos tiene cogidos por los *huev*... huesos en cada uno de nuestros movimientos.

En líneas generales, podríamos decir que los grandes usurpadores de nuestra libertad son *la inconsciencia propia de la inercia, el miedo, la esperanza y la culpa.* Estos factores nos alejan de nuestro criterio interno esencial, estrechan nuestras posibilidades de elección y decisión. Además, son los mejores guardianes de nuestro adoctrinamiento y pleitesía al criterio externo.

Desenmascarando a los infiltrados

Reconocer ese Caballo de Troya infiltrado en nuestra mente es fundamental si estamos realmente decididos a tomar nuestras propias decisiones y a que estas decisiones sirvan a nuestras necesidades más reales y profundas. En caso contrario, se da la circunstancia habitual de que, decidiendo con las mejores intenciones hacia nosotros mismos, estamos cosechando resultados autolesivos. La misma irónica contradicción que se daba cuando hablábamos de la distinción entre intenciones y resultados en cuanto al trato que damos a los demás, se da cuando nos referimos a la manera en que intentamos cuidar de nosotros mismos. Y es que, igual que se da una errónea e insuficiente empatía con los demás, se suele presentar una errónea y siempre insuficiente empatía con uno mismo.

Por eso amo el término *autoempatía*, si ni siquiera la tenemos con nosotros mismos, ¿cómo vamos a saber qué es o cómo se hace hacia fuera? Mejorar el autoconocimiento, la autoescucha profunda y la autoconexión son ideas adecuadas que escuchamos con asiduidad, sin embargo, se suele hablar muy poco de la autoempatía.

¿Veis? Todo auto-auto-autoooo, pero no de coches, que parece ser la confusión principal en la sociedad.

Matadme, es una tontuna insuperable, ya lo sé. Le voy a añadir una viñeta para terminar de bordar mi comentario.

¿Cómo podemos avanzar en este camino hacia una mayor libertad interior, hacia nuestro yo auténtico o esencial desde el que movernos por la vida? Se han descrito infinidad de maneras y estrategias para tal fin, algunas con más sentido y fundamento que otras. Las pautas y prohibiciones constructivas que hemos compartido aquí nos parecen fundamentales en este sentido, por ello profundizaremos a partir de ahora en algunos planteamientos y metodologías útiles para que podamos llevarlas a cabo de la manera más adecuada posible.

Comenzaremos este repaso mencionando simplemente las *técnicas de meditación*, uno de los medios más extendidos para ayudarnos a separar el grano de la paja, lo esencial de lo superficial, el yo auténtico del artificial.

No hay duda de que la meditación es una herramienta tremendamente valiosa, sin embargo, desgraciadamente se ha instrumentalizado mucho, de manera que la han desvirtuado. Llegados a ese punto, tal vez no sea sencillo encontrar escuelas y textos que, en lugar de pervertirla como un instrumento más del ego y la cultura instaurada, la fomenten de una manera que en verdad ayude en el sentido que nosotros estamos planteando. - - - -> Hemos convertido la espiritualidad, la conexión sagrada con lo divino, en otro producto más a conseguir, en otro objetivo desvirtuado que perseguir. Como si fuese el último modelo de iPhone o similar que tenemos que comprar. Pero una verdadera actitud meditativa es, más que una técnica concreta en sí, una actitud de atención plena y de presencia, y por ello es parte fundamental el proceso que estamos aquí describiendo.

¿Qué haría si...?

Pero veremos a continuación una técnica o pauta muy concreta que podemos aplicar cuando, indagando sobre nuestros propios criterios para tomar decisiones, nos aceche la duda y el temor a equivocarnos. Se trata de imaginar qué decisión tomarías y qué harías si estuvieras libre de los cuatro factores limitantes que hemos descrito en el apartado anterior. Lo haremos a través de la siguiente pregunta: «*¿Qué haría si ya no tuviera miedos irracionales ni complejos, si no tuviera culpabilidad, si estuviera en paz conmigo mismo y me sintiera fuerte e internamente libre?*». La respuesta a esta pregunta puede acercarnos mucho a la respuesta correcta, porque nos ayuda a penetrar hacia nuestro yo esencial, a conectar con lo que sería una expresión de nuestra autenticidad y, así, en definitiva, a conectarnos con nuestros criterios más internos y propiamente nuestros. La pregunta sobre *¿Qué haría si...?* es como un cuchillo que *corta las adherencias que nos ofuscan y limitan, busca aproximarse lo más posible al núcleo de nosotros mismos.*

Bien, no quiero yo pecar de materialista, pero si ves que estas preguntas se te quedan cortas y no das con la clave o llave o como quieras llamar a eso que está deseando encontrarte, puedes probar con esta: ¿Qué haría si ya fuera rico? (doy gracias aquí a David Testal, que fue el que de modo directo y preciso me ayudó a hacerme esa pregunta en un momento determinado de mi vida vital, ¿qué haría si ya tuviera el dinero suficiente para que este no fuese mi principal objetivo?

Ten en cuenta que el dinero suele ser uno de los símbolos que esconde el principal objetivo de nuestras acciones: la *(pseudo)seguridad*. Sé que puede sonar superficial y demasiado trivial para los asuntos que tratamos, pero créeme que en algunas situaciones con las que te encuentres en la vida, esta pregunta, con su consiguiente respuesta, resolverá rápidamente muchas de las respuestas que se te escapan divagando.

En muchas ocasiones todos tenemos claro clarinete qué decisión tomaríamos si fuéramos ricos, pero decimos, claro está, que «¿dónde está la pasta, Maricarmen?».

Bien, yo también soy pobre, al mismo estilo que tú (rica en todo lo demás), pero una vez que sé qué haría si tuviera mucho dinero y no fuese la carencia de este lo que me mueve a ir detrás de un objetivo, se me abren infinidad de ingeniosas soluciones para ir a por el fin que me ocupa.

Por ejemplo, cuando decidí ir apartando poco a poco mi trabajo como delineante para ir cediendo paso al mundo viñeta y compañía, fue esta una pregunta, con su respuesta infinitamente esclarecedora, la que abrió tal vacío ante mí que solo cabía esperar que se fuese llenando de ideas para probar, de modos de hacer.

Es como si una vez que tienes claro el *qué quieres*, el *cómo* fuese apareciendo sin tanta dificultad como se prevé en los inicios.

Cuando actuamos condicionados por nuestros miedos, complejos, culpas, celos, envidias, rabia, ingenuas ilusiones, hábitos incuestionados o tendencias de la mayoría, no somos nosotros quienes estamos decidiendo, porque todo eso forma parte del criterio externo, aunque sea en capas muy profundas y confundidas con el más interno. Esos condicionantes no nos hacen más nosotros mismos, sino que nos alejan de lo que en verdad queremos ser y de lo que en verdad nos conviene ser. Forman parte de la ofuscación de nuestro amoldamiento, de nuestros lastres. Así que, cuando nos preguntamos con verdadero interés y atención sobre qué harías y cómo lo harías, qué decisiones tomarías si ya hubieras superado todo eso, en realidad te estás acercando a sintonizar con el yo auténtico que se esconde tras esas capas.

Pero eso no hace que tales miedos y limitaciones desaparezcan de un plumazo, desde luego, ni es del todo fácil responder a la pregunta con honestidad y con esa atención penetrante, porque continuamente pueden aparecer los *peros neuróticos*: «*Pero me da miedo, pero me da vergüenza, pero ¿y si se enfadan conmigo y me rechazan?, pero ¿y si eso me hace egoísta y mala persona?*», *etc.* Necesitamos entonces penetrar más y recordarnos que, precisamente, estamos imaginando que no existieran ese tipo de peros. En definitiva, el tipo de respuestas concretas que damos a esa pregunta nos acercan a las respuestas correctas para inclinar nuestra decisión. *Si la duda persiste a pesar de hacernos las preguntas propias del criterio interno, debemos buscar más y mejor información sobre alternativas y hacernos la pregunta sobre ¿Qué haría si...?*

Te puede pasar que ni siquiera en tu imaginación solitaria en el salón de Ikea de tu casa, puedas llegar a ese espacio en el que las respuestas brotan sin tanta barrera y puerta cerrada interior. Estamos tan condicionados, están tan incrustados e integrados estos andamios del ser y del estar, que puede haber un bloqueo de tres pares de narices.

No desesperes, continúa, está justo ahí, detrás de tu desesperación, como cuando los corredores de maratones saben que cuando más cansados están, si no se rinden ni abandonan, les aparecerá un contenedor enorme de energía extra para continuar. Y si no puedes ni te sale, por favor, no huyas, no abandones.

Bueno, a ver, haz lo que te dé la gana, pero si estás leyendo este libro, digo yo que muy bien no te ha ido con tus estrategias. De nada. Perdón. Amén. Di amén tú también por si acaso.

Dado que la pregunta sobre *¿Qué haría si...?* no deja de ser un supuesto imaginario y no una desaparición real de estas limitaciones, es muy probable que no nos sintamos capaces de actuar en consecuencia. Los miedos y otros enemigos siguen de hecho infiltrados en nuestro interior, conservando parte de su fuerza. En este caso, cuando no nos sintamos capaces de actuar por completo como si ya no existieran, la pauta apropiada es mantener esa actitud en la mayor medida posible, en el grado que seamos capaces de conseguir en cada momento, incluso si se trata de pequeños pasos en esa dirección. Esto requiere motivación, esfuerzo y constancia, desde luego, pero a cambio, esta actitud se verá recompensada con creces si somos capaces de verlo de manera no cortoplacista.

Esta actuación progresiva, de hacer como si estas limitaciones mentales no estuvieran, va permitiendo que, de hecho, las propias limitaciones se debiliten y tiendan poco a poco hacia su disolución. Es una forma de ir rompiendo las capas del ego. Tal como ya destacamos al comentar los efectos que produce la coherencia o la incoherencia con nuestros *criterios internos*, este tipo de actitud va alimentando nuestra confianza en los propios recursos, va haciéndonos sentir literalmente más dentro de nosotros mismos, y va permitiéndonos conectar con la verdadera seguridad. Por el contrario, si cedemos y nos dejamos llevar por los impulsos de estos contaminantes, solo conseguiremos una tranquilización cortoplacista («quitarnos el mochuelo de encima») a cambio de que nuestra inseguridad, dudas e inconsciencia aumenten, de que esos infiltrados mentales se hagan más fuertes, haciendo que el conflicto interior y la insatisfacción de base se perpetúen.

Cito de nuevo un ejemplo práctico de una de mis experiencias. Cuando supe que quería dedicarme por completo al mundo Dommcobb, me parecía imposible dejar de hacer planos de la noche a la mañana, aunque ese era mi mayor deseo, así que lo que hice fue emprender ese camino basándome en el *poco a poco*.

Empecé diciendo que no a algún proyecto suelto que me ofrecían, con miedo y dudas, pero llevando ese «no» con firmeza y determinación asumiendo las consecuencias. El siguiente paso fue abrir una página en redes sociales. La siguiente apuesta fue dibujar viñetas en unas tazas y exponerlas para venta... Mientras seguía haciendo planos de naves industriales, locales e instalaciones, no dejaba de dibujar viñetas durante mis desayunos. Las enviaba a amigos, preparaba documentos y mandaba correos a editoriales, investigaba sobre cómo abrir una página web para vender online, seguía diciendo que no a proyectos farragosos que me ocuparían demasiado tiempo (más de un conflicto tuve con aquellos jefes que veían mi decisión como una locura, una irresponsabilidad y por supuesto ahondando en juicios peyorativos hacia mi persona mismamente propia)... En fin, todo un mundo de pasitos ínfimos, pequeños, que estaban a mi alcance y en los que me sentía cómoda a pesar de los miedos, la incomodidad, los sustos o muerte y compañía.

Ese *poco a poco* me fue cambiando (y salvando) la vida. Los pasos cortos me aseguraron no abandonar el camino emprendido.

Otra posibilidad cuando nos planteamos esta pregunta clarificadora fue adecuadamente ilustrada en un ejemplo anterior de aquel supuesto paciente que, de momento, decide no separarse de su pareja porque entre sus criterios internos también estaba un gran miedo a la soledad y al conflicto con el entorno. Esos miedos debían ser respetados y tomados en cuenta en su decisión. Llegados a este punto del libro es posible darle a ese comentario mayor precisión y entender que, en rigor, esos miedos no formaban parte de su criterio más interno, más puro y central, sino de su criterio externo mimetizado y confundido con el interno. Pero, dado que estas dificultades presentaban una gran fuerza, debían ser tomadas en cuenta. Después de ello, sin embargo, llega un momento en que esta persona sabe que para poder separarse de su pareja como lo haría si no tuviera esos temores, debe enfocarse en ellos, trabajarlos y superarlos.

Cuando no nos sentimos capaces de actuar como si ya hubiéramos superado nuestras limitaciones *neuróticas*, entonces es apropiado enfocarnos en una decisión y actuación previa, que tiene que ver con encarar la superación de esas limitaciones por todos los medios que nos sean accesibles, incluida la terapia. Si hemos decidido tomar un camino determinado y una gran piedra interior se nos interpone sin permitirnos avanzar, podríamos resignarnos y cambiar de rumbo, pero, a la larga, lo que más nos conviene es detenernos, trabajar por retirar la piedra y seguir por nuestro camino. Todas las personas, en mayor o menor medida, desarrollamos y albergamos miedos, pero no somos en esencia esos miedos, no forman parte de nuestros criterios más internos, sino de lo que nos aleja de ellos. *Los miedos deben por ello ser atravesados* hacia nuestro centro esencial, hasta donde el miedo ya queda atrás. *No han de ser simplemente evitados*, pues ello nos aleja más de nosotros mismos. Recordemos la diferencia entre lo apetecible y lo conveniente:

tal vez lo que nos apetece es evitar o controlarlo todo como nos piden nuestros miedos, pero lo que más nos conviene es actuar en todo lo posible como lo haríamos si no existieran esos miedos.

MIS MIEDOS

¡VOY!

El miedo se ha convertido para mí en un indicativo en vez de ser una barrera. No es que lo mire así por arte de magia, claro, ha sido el resultado de un arduo trabajo de lectura, conocimiento, curiosidad, reflexión y autocomprensión. Cuando ahora aparece, siento que debo mirarlo de frente, adentrarme en él, preguntarme de dónde sale, cuál de entre todas mis personalidades (ja... y las que me quedan por descubrir) es la que tiene miedo. Sentir miedo por algo es una señal donde pone «es por aquí». Es por donde quiero ir, precisamente para despojarme de todo eso que no soy de verdad verdadera.

Ante nuestra duda y temor a decidir desde nuestro propio criterio esencial, es clarificadora la pregunta: *¿Cómo haría las cosas si no tuviera miedos irracionales ni complejos, si no tuviera culpabilidad, si estuviera en paz conmigo mismo y me sintiera fuerte e internamente libre?* Ello nos ayuda a discernir la decisión más adecuada y a ir en la medida de lo posible encaminándonos hacia ella y, en todo caso, nos permite identificar los obstáculos previos que debemos superar.

Resumiendo

Cuestionar desde cero

La segunda gran sugerencia para poder profundizar hacia nuestra autenticidad, así como para poder ser realmente dueños de nuestras decisiones, consiste en hacernos muchas y buenas preguntas. Normalmente funcionamos dando muchas cosas por supuestas, dando por ciertas muchas ideas o premisas que definen nuestros modos de vida. Lo contrario sería sencillamente agotador, pues no podemos estar cuestionándolo absolutamente todo siempre. Así, la inercia hace que, cuando las cosas parecen funcionar medianamente bien, dejemos que el piloto automático nos guíe. - - - - - - ⟩ *Gracias al señor divino.* Sin embargo, suele suceder que nos cuestionamos bastante menos de lo debido y de formas poco clarificadoras. De este modo el piloto automático guía nuestras decisiones mucho más a menudo de lo que sería conveniente.

UNA FOTO TUYA Cuando sentimos que algo dentro de nosotros no está en paz, cuando experimentamos cualquier síntoma de conflicto interior, es desde luego el momento de detenernos, hacernos preguntas y cuestionar, desde el punto cero, algunas premisas de aquello que hacemos y, así mismo, acerca de cómo y por qué lo hacemos. *Al plantearnos las preguntas propias del criterio interno es posible que nos demos a nosotros mismos respuestas superficiales y engañosas, debido a esa falta de profundidad.*

Cuando nos preguntamos por cuáles son nuestros valores y nuestras necesidades, ¿nos preguntamos también por qué valoramos y necesitamos eso?

¿Es una necesidad real, o tal vez absurdamente condicionada?

¿Este valor es verdaderamente mío, o solo lo he adoptado sin discusión, por mera costumbre o mimetismo?

¿Es tal vez una excusa engañosa y momentáneamente tranquilizadora, o estoy siendo honesto conmigo mismo?

¡QUE ME DEJES!

Un avaro cree que necesita más dinero, pero esa no es su necesidad real, no es un criterio auténticamente interno, sino una necesidad neurótica implantada por ciertas carencias o traumas vitales que sería apropiado superar. ¿La necesidad profunda y real de una chica es hacerse varias cirugías estéticas para sentirse más guapa, o más bien es aceptar su cuerpo sin complejos para no necesitar tantas cirugías? ¿La necesidad de cierta persona es caerle bien a alguien, o más bien reducir su gran necesidad de caer bien? ¿Nuestra necesidad es comprar una gran cantidad de cosas, o ser capaces de prescindir de esa gran cantidad de cosas? Porque, como dijimos, los criterios verdaderamente esenciales, profundamente internos, son más bien pocos y bastante comunes a todas las personas. A partir de aquí se construyen las necesidades inventadas, los intereses creados, los interminables deseos que sepultan nuestras auténticas necesidades. Todo ello nos aleja de nosotros mismos, nos dirige hacia decisiones y rutas equivocadas, y rompe nuestra paz interior (y la de los demás). Nos desconectamos.

ECO, ECO, ECO

Y ahora es cuando deberías parar un tiempo de leer este libro y empezar a hacerte estas preguntas y a encontrar tus propias respuestas. Este es nuestro parecer y si lo tomases como dogma y fueses luego al bar a repetirlo, no estarías más que continuando con la inercia de repetir lo que oyes sin averiguar lo que sientes tú cuando sientes tú.

También respecto a nuestros recursos, capacidades y limitaciones personales es fácil perderse de vista a uno mismo. ¿Sabemos cuáles son nuestras verdaderas capacidades, o estamos encogidos e intimidados por la falta de confianza en los recursos con que en verdad contamos, o que podemos potenciar?; y a la contra, ¿reconocemos nuestras auténticas limitaciones, o a menudo sobrevaloramos nuestra capacidad de lograr ciertas cosas o de influir en los demás?

Todas las preguntas a las que nos estamos refiriendo se dirigen hacia el autoconocimiento, hacia el cuestionamiento de uno mismo, pero también cabe hacerse muchas preguntas para cuestionar mensajes y situaciones externas respecto a la información que nos llega, y sobre la que tenemos que decidir. ¿Asumimos sin más los mensajes de la autoridad, porque damos por supuesta su veracidad?, ¿hasta qué punto son fiables las fuentes? Durante mi propia infancia tuve un ejemplo paradigmático de todo esto al que hice una cierta referencia en *Adicción al pensamiento*, y que a menudo recuerdo como un liberador toque de atención. Creo que es un ejemplo apropiado para entender lo que estamos planteando.

Había sido instruido por mi abuela para rezar un par de oraciones cada noche cuando me iba a la cama, porque eso era lo que debían hacer los niños buenos y lo que Dios esperaba de mí. Supuestamente, no hacerlo podía depararme algún castigo divino y la expulsión del Cielo.

Sin embargo, pronto dejé de tener esa paz interior, porque el sueño y la pereza propia de un niño, junto con no entender muy bien lo que rezaba, me llevaban a posponer los rezos para el día siguiente o a hacerlos a regañadientes y a

sentir muchas noches que era un acto pesado. Pero si no lo hacía, aparecían la culpa difusa y el temor de Dios. En este ejemplo, mi amada abuela y el entorno habían colocado dentro de mí un caballo de Troya con los cuatro ejércitos: la fuerza de la costumbre y de la cultura general de la época, el miedo, la culpabilidad y la esperanza de ir al cielo si era obediente. Pero mi desazón con el asunto me empujó a cuestionar las fuentes, a buscar mi propio criterio, a no dar nada por supuesto y a intentar pensar desde el punto cero, que es el punto donde nace nuestra libertad: «¿Y cómo sabe esto mi abuela?, ¿se lo transmitiría su madre o su propia abuela?, ¿y quién se lo transmitiría entonces a su propia madre o abuela? Alguien debió de ser el primero en tener esta ocurrencia, pero, ¿quién se lo dijo a ese alguien entonces? ¿Podría tratarse de una absurdez que vamos repitiendo generación tras generación, como tontos crédulos, hasta el final de los tiempos? Quizá al primero de ellos se lo transmitió directamente Dios, como dicen que transmitió las tablas de la ley a Moisés. ¡Me extraña!, pensaba yo. Pero, incluso en el caso de que Dios nos pidiera directamente esto, ¿estoy yo de acuerdo con ese Dios? Muy vanidosa y absurda me parece que sería esta petición de que lo adoremos. No lo veo. Si algún día cuando muera estoy ante él, creo que sería capaz de rebatirlo y expresar mi desacuerdo con estas normas. ¿Y si Dios es otra cosa, según lo que por otro lado me han enseñado, y esto es un burdo invento de los hombres mientras él se echa las manos a la cabeza en su reino? Es más... ¿hay Dios, o puede ser todo un gran bulo incuestionado?». - - - - ~ _ _ -> Como veis, Pedro siempre fue un niño rarito. Vale, en eso quizá nos parecemos. Fue atreviéndome a cuestionar de este modo como decidí dejar de rezar y como fui alcanzando mi agnosticismo. Fue recordándome a menudo mis propios razonamientos como de manera progresiva se diluyeron el miedo y la culpa, que durante algunas semanas seguían empujando. Pero me comprometí conmigo mismo a actuar *como si* no empujaran.

Espero que el ejemplo resulte lo bastante clarificador como para entender el sentido y valor de hacernos preguntas y esforzarnos en pensar por nosotros mismos, desconfiando así no solo de nuestros propios pensamientos, sino también de lo que creemos que son nuestros propios criterios. *Cuando nos respondemos a las preguntas del criterio propio, es importante hacernos algunas preguntas sobre nuestras propias respuestas, ir más adentro.* «Esto es lo que me gusta, pero, ¿por qué me gusta esto? ¿Por qué me parece importante lo que me parece importante? ¿Y cómo he llegado a pensar y a sentir tal cosa?...».

Es conveniente puntualizar aquí que el libre albedrío a la hora de decidir es en realidad un mito, un autoengaño más en el que nos movemos como parte de nuestra cultura, pues nuestro campo de libertad es mucho más estrecho de lo que pensamos que es y, generalmente, solo se da en la superficie de nuestra conciencia. Nadie alcanza en todo el punto cero, ni mucho menos, no existe la conciencia perfecta, la pureza completa, en general no nos cuestionamos demasiado las cosas y, si lo hacemos, lo más fácil es quedar enredados, autoengañarnos y no llegar muy lejos. Cuando hablamos aquí de conquistar nuestra libertad interior no intentamos alimentar el mito, sino, precisa e irónicamente, ser conscientes de él. Porque, cuanto más conscientes somos de nuestra inconsciencia, cuanto más conscientes y alertas estamos de nuestras dependencias y ataduras, mayores grados de liberación podemos obtener respecto a ellas.

> Al hacernos las preguntas propias del criterio interno es posible que nos demos a nosotros mismos respuestas superficiales y engañosas, debido a una falta de profundidad. Por ello, a menudo, puede ser importante hacernos más preguntas sobre nuestras propias respuestas, ir más adentro, cuestionando ampliamente de dónde surgen nuestros propios intereses, valores, preferencias y capacidades.
>
> Aunque de hecho la existencia del libre albedrío es un mito, algo podemos hacer al respecto: cuanto más conscientes somos de nuestras dependencias y ataduras, mayores grados de liberación podemos obtener respecto a ellas.

El valor de nuestros valores

Nuestros valores personales son elementos centrales entre nuestros criterios para tomar decisiones en la vida, pero nuestra falta de libertad interior, de autenticidad y conexión con nuestro yo esencial se manifiesta continuamente en muchos conceptos y valores que asumimos de manera muy distorsionada. Algunos de estos conceptos y valores se asumen de manera poco crítica como algo noble y adecuado, a pesar de que se muestran manifiestamente desadaptativos y generadores de sufrimiento, por lo que están en verdad alejados de lo que serían nuestros valores más esenciales y naturales, nuestros principios. Porque no estamos esencial y naturalmente programados para el masoquismo. Es preciso notar que, en su mayor parte, nuestros valores no dejan de ser conceptos conformados culturalmente, que de hecho suelen cambiar de significado a lo largo de la historia y que, por tanto, deberíamos poder revisar y adaptar a nuestras reales necesidades (nuestros pocos valores primarios, naturales o esenciales). Porque, de lo contrario, quizá nuestros valores no tengan ningún auténtico valor, sino que no son más que dañinos virus mentales, limitadores, manipulativos y generadores de sufrimiento.

La mejor forma de entender esto es tomando en cuenta que una cosa son nuestros valores y, otra bien diferente, son las reglas de medida que tenemos para esos valores. Es en estas reglas de medida donde el terreno se vuelve verdaderamente movedizo y donde hay muchas peguntas que hacerse.

Es decir, *una cosa es asumir un determinado valor representado en una palabra bien sonante, y otra muy diferente es la manera como lo definimos, las creencias que le acoplamos y la manera que tenemos de medir o calibrar si efectivamente estamos siendo fieles a ese valor o no.* Es importante revisar algunos ejemplos destacados de esto.

Es aquí donde se poner de manifiesto la veracidad de la frase «eres un *bocachancla*». Nos pone mucho repetir conceptos, se nos llena la boca de palabras bonitas, pomposas y bien sonantes y la gran mayoría de las personas humanas no tiene ni idea de qué hay asociado a ese vocablo maravilloso que la RAE define como vete a saber.

No es que esos conceptos tengan un significado concreto que desconocen, es que ni siquiera se han preguntado qué hay detrás del término, qué pautas lo conforman, qué condiciones le dan forma, qué conductas podrían ir asociadas al significado.

Y así vamos por la vida, flotando entre términos que tienen mucho de chispa y fuegos artificiales y poco de *núcleo firme* (entiéndase *firme* como reflexionado, argumentado o analizado de manera propia y personal, no como rígido y propio de un cabezón). Nos valdría como ejemplo ese «quiero tener pareja», en el que el vocero no sabe ni tiene idea de para qué la quiere, qué es tenerla, qué implica, qué condiciones conlleva...

Nuestro primer ejemplo es la paternidad. Por lo general, todos los padres valoran y desean hacer lo mejor para sus hijos y deciden una serie de comportamientos con ese propósito. Ser buenos padres es un valor en el que es fácil ponernos de acuerdo. Pero es más difícil si intentamos concretar qué significa serlo. *¿Quizá darle a mi hijo todo lo que quiere?, ¿no permitir nunca que se frustre y llore?, ¿aconsejarle todo el tiempo y estar encima suyo?, ¿permanecer atento a sus necesidades mientras dejo que desarrolle su autonomía?, ¿jugar mucho con él?, ¿un poco de varias de estas cosas?...*

Estas cuestiones se refieren a la manera que tenemos de evaluar si efectivamente estamos siendo coherentes con el valor del que hacemos gala o si, más bien, andamos con paso firme por *los cerros de Úbeda*, convencidos de que lo estamos haciendo genial. ¿Y cómo sé si estoy siendo buen profesor, o buen jefe, etc.? Las respuestas a estas preguntas pueden no ser nada sencillas. Si las reglas de medida que tenemos para esos valores no son las adecuadas, podemos estar logrando exactamente lo contrario de lo que pretendemos, lo que pone de nuevo de manifiesto la dificultad para alinear nuestras intenciones con lo adecuado de nuestras decisiones y conductas. Las reglas de medida de nuestros valores, en general, son una cuestión que no nos planteamos a menudo, de la que solemos ser poco conscientes a pesar de que tiene una importancia vital.

Cuando las reglas de medida de nuestros valores no son apropiadas, esos valores supuestamente nobles, y con los que de inicio podemos estar de acuerdo, se convierten en peligrosas herramientas de manipulación o, incluso, en armas para el chantaje emocional. En todo caso, podemos considerarlos instrumentos desadaptativos incrustados en el fondo de nuestra mente. Así, por ejemplo, podemos tomar muchas decisiones bajo el criterio y el propósito de *ser personas responsables*, pero, si atendemos a las reglas de medida, cabe preguntarse: *¿Cómo sé que estoy siendo responsable?, ¿cuál es la expresión más adecuada de la responsabilidad?* Está muy generalizada, en tal sentido, una identificación casi completa del concepto de responsabilidad con la simple obediencia a la autoridad. Al niño que hace disciplinadamente todo lo que sus padres le piden, se le suele considerar muy bueno y responsable. Pero ¿es esto la responsabilidad? Si lo equiparamos a actuar con obediencia y sin conflictividad, a mantener el acatamiento a las normas, en realidad estamos entendiendo la responsabilidad de manera profundamente diferente a su significado original y riguroso, que tiene más que ver con hacerse cargo de las propias decisiones y asumir las propias consecuencias.

Ser responsable, en realidad, no tiene nada que ver con ser un chico obediente, sino más bien con hacerse cargo de la propia libertad de manera consecuente, sin excusas ni victimismos.

Por eso la libertad es inseparable de la responsabilidad,

y entender la responsabilidad como obediencia o conformismo pervierte e invierte por completo su significado más útil y adaptativo.

Esta interpretación de la responsabilidad es un buen ejemplo de un valor inicialmente interesante que ha sido redefinido de manera manipulativa para insertarlo en nuestros cerebros. De ese modo, romper nuestra obediencia y ejercer nuestra auténtica libertad nos hace sentir culpables y egoístas. En este sentido, actuar de manera responsable puede coincidir, desde luego, con las expectativas y pautas que nos dan los demás, pero también puede no hacerlo. Ser díscolo y rebelde no significa necesariamente ser irresponsable, sino que, en determinadas situaciones, podría ser incluso la expresión adecuada de nuestra responsabilidad.

> Apunte para descansar de la densidad de lo expuesto: Es jodido, ¿eh? Que te digamos ahora que le des una vuelta a los valores primordiales que te han movido toda la santa vida. Ya sé yo que agradable y cómodo no es, porque corres el riesgo de caída libre en picado con triple mortal hacia atrás, al ver que aquello en lo que creías moverte y a lo que eras fiel, de repente no es como creías porque no te habías parado ni cinco minutos a pensar. Pero, ¡ah!, querido amigo, bienvenido al mundo del p'adentro donde todo es una aventura en la que no sabes qué es real y qué es imaginado.
>   Sigamos con la densidad... poco a poco, quizá sea mejor que cerrar el libro e irte rápidamente al bar.

Este perverso concepto del valor y criterio de la responsabilidad y, por tanto, esta errónea manera de medirlo, está muy asociado a otros valores conectados como el respeto,

la bondad o incluso al amor, entendidos también de manera corrupta. Podemos haber adoptado por nuestra educación la idea de que *el respeto y la bondad* provocan reacciones que hacen sentir bien y no dañan a las demás personas. Sin embargo, si esa es nuestra regla de medida del respeto y la bondad, resulta una regla peligrosamente simplista, sesgada y peligrosa. Y lo es por dos importantes motivos que se suman:

El *primer motivo*, como ya hemos visto con anterioridad, es que cuando tratamos de evaluar el efecto de nuestra conducta globalmente y a largo plazo, *no es tan fácil detectar si estamos haciendo bien a otros o si solo les hacemos sentir bien de momento, pero, en realidad, les estamos dañando y perjudicando.* Por este motivo a veces no resulta sencillo que el ayudado comprenda y agradezca esa ayuda hasta, quizá, pasado mucho tiempo. ¿Somos malos e irrespetuosos con el niño cuando le ponemos una inyección curativa y creamos un dolor que no puede entender?, ¿somos irrespetuosos cuando nos negamos a hacerle sus deberes hasta el nivel que nos lo pide o a comprarle un determinado juguete?, ¿somos irrespetuosos y malvadamente egoístas si aparece el desamor y decidimos separarnos de una persona que no quiere separarse de nosotros?, ¿somos irrespetuosos con un ludópata por no querer dejarle el dinero que nos pide? Sentir que algo nos beneficia o nos daña no implica siempre que efectivamente sea así y, es por ello, que hemos distinguido lo apetecible (estrecha y cortoplacistamente) de lo conveniente (amplia y globalmente).

Aparte de esta complejidad para evaluar si estamos beneficiando o perjudicando a los demás, el *segundo motivo* añadido por el que es erróneo definir el respeto y la bondad como *hacer sentir bien a los demás*, es que *una persona puede estar pidiéndonos algo sobre la base de su dependencia y baja autorresponsabilidad y, por tanto, haciéndonos responsables de un tipo de bienestar del que en verdad ella debería ser la única responsable.*

Es algo así como que un amigo nos quiera cargar su mochila, pero considera que somos malas personas, egoístas y que le faltamos al respeto si, aunque sea educadamente, nos negamos a llevársela, porque entonces él se va a cansar. Si asumimos reacciones y demandas de este tipo, desde luego que vamos a cargar con todas las mochilas.

Pero, además de que esto sería una manera de hacernos cargo de emociones, esfuerzos y transformaciones que le corresponden a la otra persona, resulta que tampoco la estaríamos beneficiando globalmente si cargamos con su mochila, aunque la persona no esté enferma. Su comodidad inicial no va a compensar el hecho de que estemos reforzando su irresponsabilidad, su debilidad y su dependencia. La consecuencia lógica es que a continuación la persona nos pida otro tipo de ayuda que tampoco sería apropiado pedirnos.

Una cosa es asumir un determinado valor representado en una palabra bien sonante y otra muy diferente es la manera como lo concretamos, las creencias que le asociamos y la manera que tenemos de medir o calibrar si efectivamente estamos siendo fieles a ese valor o no. Si no hay unas reglas de medida adecuadas para los valores, algunos de esos valores teóricamente nobles como la responsabilidad, el respeto o la bondad pueden convertirse en trampas psicológicas que propicien la sumisión, la dependencia, la manipulación y los chantajes emocionales.

Las reglas de medida de los valores son, por tanto, decisivas. Es importante mantenernos críticos respecto a ellas, afinarlas y matizarlas lo suficiente como para que efectivamente sepamos que estamos siendo fieles a unos valores que hayamos elegido libremente. La consecuencia de no ejercer esta crítica puede ser, de un lado, andar desencaminados sintiéndonos culpables y temerosos por motivos totalmente inconvenientes, o del lado contrario, actuar de forma muy desacertada con el convencimiento de que estamos avanzando en la dirección correcta. En las consultas de psicología vemos ejemplos de este tipo a diario, y me parece apropiado detenerme un poco en uno de ellos.

Es relativamente común que a la consulta acudan jóvenes que presentan serias dificultades para acabar sus carreras universitarias, a pesar de ser manifiestamente capaces a nivel intelectual y de tratarse de estudiantes esforzados y, en general, ejemplares. Incluso faltándoles poco para acabar su carrera buscan ayuda porque no se sienten capaces de seguir. No consiguen ponerse a estudiar mucho tiempo, no se concentran y, además, se encuentran frustrados y completamente desmotivados. Indagando en las causas, es habitual que estos chicos lleguen a percatarse de que en realidad están estudiando algo muy lejano de su vocación y, probablemente, de sus mejores talentos, por lo que se podría decir que su yo auténtico y profundo los está frenando y boicoteando ante el hartazgo y la profunda incoherencia que sienten. ¿Qué ocurre? Que en realidad no habían decidido por sí mismos, no desde un ejercicio de autoconocimiento de sus auténticas motivaciones y capacidades, sino que precisamente habían tapado ese yo esencial con el criterio externo de sus padres y tal vez de algunos compañeros o profesores.

«Mi padre es ingeniero, y como yo lo admiraba y se me daban bien las ciencias, siempre pensé que tendría que estudiar ingeniería. Y ellos no solo están orgullosos y contentos por tal cosa, sino que siempre me he sentido sutilmente presionado por mi padre para que sea así. Como que era su ilusión, lo apropiado a mis capacidades. Alguna vez que he insinuado que tal vez tendría que estudiar otra cosa, su cara me lo ha dicho todo, y sentía que lo estaba decepcionando». A partir de aquí nos ponemos a identificar sus auténticos talentos y motivaciones, que pueden ir en direcciones bien diferentes, como dedicarse a los niños y a la enseñanza o a tareas que tengan que ver con la naturaleza y el aire libre, pongamos por caso. Los síntomas solo desparecen cuando estos chicos, incluso estando cerca del final de sus estudios, deciden tal vez dejarlos de lado y orientarse claramente hacia lo que de forma muy agazapada les quería decir su verdadera voz interior. ¿Qué tiene esto que ver con el respeto? Pues que uno de los frenos importantes de estos chicos para tomar sus propias decisiones, incluso para descubrir cuáles debían ser, es el sentimiento de que tomar esas propias decisiones y decepcionar a sus padres es una falta de respeto... ¡Con todo lo que esperan de él, con todo lo que han invertido en él! En un caso así se ejemplifica claramente cómo el malestar que esos padres pudieran sentir por que el chico tome sus propios caminos es responsabilidad de ellos, y no del chico. Es responsabilidad de sus propias expectativas, de la imagen que ellos se habían forjado. No es algo que su hijo tenga la responsabilidad de satisfacer, ni es una falta de respeto que no lo haga. El hecho de que ellos sientan decepción y dolor no significa que él los está dañando, sino que se dañan a sí mismos cuando su hijo actúa de forma lícitamente libre, por las creencias y dependencias propias de las que ellos deberían hacerse cargo. Y, una vez más, todo eso con las mejores intenciones, como resultado de nuestras inconsciencias, de nuestras dependencias, de nuestras frustraciones y, en definitiva, de nuestras heridas. La cuestión es que podemos cargar sobre las espaldas de los demás el efecto de esas heridas y malos aprendizajes.

La naturaleza no diseña un talento para que no sea utilizado; por ello, cuando otorga una capacidad destacada a cualquier individuo, lo provee también de un instinto o motivación intrínseca para desplegarlo. Las aves no solo tienen la peculiar capacidad de volar, sino también la necesidad de hacerlo; los felinos no solo tienen grandes habilidades para la caza, sino también el instinto y la motivación de cazar. Esto mismo ocurre con las personas.

Si un talento natural para la música como Mozart no hubiese tenido la posibilidad y facilidades para realizarse en tal sentido, a buen seguro habría crecido de manera triste, frustrada, vacía, incluso si hubiese estado rodeado de parabienes y podido ejercer un trabajo bien remunerado. Porque la necesidad natural de realización del propio talento, en su frustración, habría creado una vida mustia. Más que una conjetura, esto es algo que la experiencia psicoterapéutica constata de manera repetida.

¡TAMBIÉN TENEMOS LA HERMOSA CAPACIDAD DE SER TONTOS!

Más allá de las estadísticas basadas en las personas que acuden a terapia contaré mi propio caso personal, aunque te dé bastante igual porque solo desde dentro de ti es desde donde serás capaz de darle o quitarle veracidad a este asunto. Como ahora escribo yo y no puedes arrancar esta hoja porque eres de los que ve ese acto como un crimen literario, te diré que... Bueno, mira, estoy pensando que no te lo voy a contar porque sé, en el fondo de mi corazón ajado y maltratado por la vida, que con estos ejemplos que cita Pedro, ya te habrá hecho un pequeño *catacrack* la cabeza al preguntarte, así *pa'losadentros*, si te has dedicado o te estás dedicando a eso que realmente eres o si estás poniendo en práctica, a diario y con frecuencia, tus mejores capacidades y talentos.

Una vez oí hablar del *egoísmo* que albergan quienes se dedican a trabajos que no les gustan. El enfoque me pareció fascinante y muy inspirador. A saber, ten en cuenta que quizá te estás dedicando a algo que en absoluto corresponde con quién eres y sientes, y ese acto implica que le estás quitando ese espacio, ese lugar, ese trabajo, a alguien que sí lo sentiría como suyo. ¿Se puede saber qué haces reponiendo cajas en un supermercado si lo que quieres es pintar y hacer pulseras en Ibiza? ¿Se puede saber qué haces usurpándole ese trabajo a alguien que quizá mentalmente sí necesite un trabajo repetitivo o disciplinado que podría calmar su mente caótica? ¿Qué haces atendiendo en el banco a clientes que quieren mirar su cuenta bancaria cada dos días si amas estar al aire libre con niños alrededor? ¿Qué haces quitándole ese espacio a alguien que estudió Económicas y que ama salvajemente los números, las cuentas y que es bueno administrando los dineros?

¿Entiendes lo que digo? Que no es solo por ti y por tu ombligo por lo que es necesario mirar hacia dentro y conocerse y saber de valores, principios, talentos y capacidades, es que es un ejercicio que mejora el mundo mundial, no solo el tuyo personal. Todo lo que hagas desde dentro, desde ti, con verdad, amor y respeto (siendo este bien interpretado), hará un mundo mejor. ¿A que suena bonito? Es que lo es.

Tal vez mirando así el *egoísmo*, en su acepción más peyorativa, puedas enfocar el asunto de una manera más liviana para ti y a la que no le pongas *peros* a la primera de cambio.

Aunque la mayoría de las personas no poseemos un talento innato tan destacado como el de Mozart, lo cierto es que todos nacemos dotados con algún o algunos talentos particulares. Cuanto mayor es esa dotación, mayor suele ser la motivación natural para ejercerla y desarrollarla que la acompaña. Esto es aquí reseñable porque es algo que forma parte de nuestros criterios verdadera y profundamente internos. Sin embargo, en un modelo social donde la detección y realización del propio talento es algo completamente secundario, donde prima la presión hacia las actividades mejor remuneradas o las más culturalmente prestigiosas, son multitud las personas que crecen lejos de un mínimo autoconocimiento en este sentido. Después pasan el resto de sus vidas tan distanciados de su potencial como un pájaro enjaulado y, con ello, ignorantes de por qué, a pesar de tener vidas teóricamente agraciadas, sienten vacío, tristeza, desazón constante y falta de sentido.

Los psicólogos constatamos que no hay otra solución

Soluciones hay más, incluso la de beber y drogarse a todas horas para no darse con esa verdad en las narices. Ja. para estas personas que reconocer sus capacidades y motivaciones naturales, sacarlas del ostracismo en el que su mente condicionada las anquilosó, ponerlas en valor y entregarse a ellas. Si no de un modo profesional, sí al menos otorgándoles un espacio importante en su vida. Incluso cuando parece que sí, la naturaleza nunca crea desperdicios; es nuestra mente artificialmente configurada la que no entiende y la que desperdicia nuestros talentos.

Estamos ilustrando cómo los valores que supuestamente forman parte de nuestros criterios más importantes y profundos, a menudo, están pervertidos (de forma deliberada o no) por presiones sociales y familiares o por marcos culturales que, en general, dificultan la conexión con nuestras motivaciones y capacidades verdaderamente internas, naturales y esenciales.

Esta es una cuestión que no he sabido responder a pesar de tener ya más años que la playa. No termino de entender muy bien cómo en el devenir de la historia de la humanidad, esta no ha optado por dar peso y atención a eso que en realidad nos mueve por esta ínfima existencia de alrededor de noventa años que, en general, nos toca transitar.

¿Cómo es que aún no andamos dándole un significado real y más sano al concepto amor?, ¿cómo es que nos inculcan desde todos los frentes que tenemos que ser solidarios si nunca jamás nos han explicado para qué sirve, o qué capacidad real de ser solidarios llevamos dentro?, ¿por qué nadie habla de la felicidad si todos los humanos la perseguimos de mil y una formas?...

Y sigo sin saber si es deliberado o no que andemos sin ir a las bases de algo tan importante y trascendental como eso que nos gobierna, nos mueve, nos motiva y nos define en realidad. ¿Crees que al sistema en el que vivimos le interesa mantenernos alejados de nosotros mismos?, ¿te has parado a pensar la de cosas que tal vez no conozcamos precisamente por este hecho en sí de no reflexionar, no pensar de manera crítica, no dudar, no...? Yo no he parado de hacerlo...

Todo este enfoque da lugar a errores como que las personas más sumisas y complacientes sean a menudo consideradas bondadosas y responsables. En realidad, no hacen más que formar parte del círculo vicioso de relaciones fallidas, de algún modo corruptas y, en último término, dañinas para todos. Si al hablar de ser *buenas personas* aludimos a la intención de los actos, existen muchas más buenas personas que si aludimos al efecto y repercusión de esos actos, y es por eso que las denominadas *buenas personas* pueden soportar muchas cargas y estar, además, reforzando las debilidades y sufrimientos de los demás.

Pero hay otros muchos valores supuestamente nobles que a menudo la cultura ha dibujado de maneras peligrosas y que, instalados en el fondo de nuestra mente, nos llevan a limitaciones y sufrimientos de diverso tipo. Ocurre a menudo con valores como la humildad, la lealtad, la fidelidad, la sinceridad, la libertad, el amor o la felicidad. Por ejemplo, es muy habitual considerar que *la humildad* consiste en esconder o quitar valor a las propias cualidades y capacidades, lo que no es más que confundir la humildad con el apocamiento, convirtiendo en defecto lo que supuestamente era una virtud. La humildad supone un reconocimiento natural y no pretencioso de las propias capacidades y limitaciones, sin ánimo de vanagloria ni de falsa modestia. Sin embargo, es habitual sentirnos culpables al mostrar cualidades que no poseen otras personas de nuestro entorno. Sentimos que es un acto de soberbia, y por ello tendemos a limitarnos y encogernos hacia el apocamiento. Podemos encontrar dos efectos problemáticos dependiendo del tipo de persona: o bien que uno se escore hacia el apocamiento, o bien que otro lo haga hacia algún tipo de presunción de humildad, lo cual es irónicamente vanidoso y soberbio (esto es lo que conocemos como falsa modestia). El auténtico valor de la humildad no se viste de gala, no busca esconderse ni mostrarse, porque no tiene ningún propósito, sino que es sencillamente un síntoma natural de la persona equilibrada y medianamente consciente.

Como persona equilibrada y medianamente consciente que soy... no os riais, bandidos. Vale... Como persona equilib... consci... en fin, como persona humana que soy, he de decir que he tenido mil millones de episodios dañinos con respecto a lo que comenta Pedro acerca de la humildad. Me pasé muchos años escondiendo, tapando y quitándole espacio a algunas de las cualidades que poseo.

Dentro de mí, vete a saber por qué y desde cuándo, había una asociación de ideas errónea, esto es, creía que si hablaba de mis dones o mis capacidades, irremediablemente esto me iba a definir como una persona soberbia o altanera. Como yo, bajo ningún concepto quería ser eso (tened en cuenta, además, que la definición de soberbia también estaba asociada en mi cabeza con *prepotente, autoritaria...*, total, más lío aún, más razones para no mostrar verbalmente ni uno de mis talentos), de manera automática sucedía que empequeñecía esas cualidades, les quitaba peso en las conversaciones y me enredaba en diálogos interminables cuando alguien me decía que le parecía maravilloso que a mí, por ejemplo, se me diera bien escribir o dibujar o escuchar a los demás. Y nada, ya está, es todo lo que quería contar en este párrafo. Espero que se haya entendido la tontería, que era esa asociación de ideas (reconocimiento de dones con soberbia pura), la que por inercia me llevaba a ningunearme sin querer.

Vamos, lo que viene siendo una jodienda interna que condicionaba en exceso mis días, los caminos que escogía y los objetivos que decidía emprender. Si no le das valor a aquello que solo tú tienes, ¿cómo vas a poner en marcha esos valores para sentirte cada día más en calma, más tranquilo y más, llamémosle así, realizado como ser humanoide?

Los valores de *lealtad y fidelidad* pueden pervertirse también de varias formas, por ejemplo, utilizándolos para conseguir la sumisión de otra persona, acusándola injustamente de infiel y desleal cuando simplemente no sigue nuestros dictados y exigencias o cuando alberga sentimientos que no nos gusta que tenga, como, por ejemplo, sentir atracción y seducción hacia otra persona. Como si esos sentimientos se pudieran elegir tan fácilmente como los comportamientos.

Unas reglas de medida erróneas para la lealtad y la fidelidad pueden igualmente llevarnos a situaciones emocionales tan dañinas como sentirnos culpables por el mero hecho de divertirnos o estar de buen ánimo a pesar de que un ser querido se encuentre en problemas, esté sufriendo o incluso haya fallecido. Podemos llegar a decidir no viajar, no salir con los amigos o actividades por el estilo porque implican una búsqueda de la diversión, no porque ocasionalmente no nos apetezcan esas diversiones, sino porque, a menudo, sentimos que eso sería infiel y desleal con otra persona que sufre o que ya no está. Es algo así como «si no me siento más afligido de lo que estoy es una deslealtad por mi parte, una desconsideración y falta de respeto a la otra persona». Esas reglas de medida para la lealtad y la fidelidad solo son, entonces, intrusos en nuestra mente de una cultura que alienta sin sentido el sufrimiento. *Serían valores alejados de nuestros principios, pues no estamos naturalmente programados para el sufrimiento inútil.*

El amor mismo, - - - -> Pedro, como nos pongamos a hablar profundamente de este concepto, necesitamos otro libro. al que todos consideramos un valor supremo, ha sido definido de muchas maneras diferentes, y resulta importante darse cuenta de que las reglas de medida que le ponemos no son meras elecciones perfectamente lícitas, sino que tienen repercusiones adaptativas o desadaptativas en nuestras decisiones y en nuestra vida. Si, por ejemplo, medimos el *amor* básicamente por las sensaciones corporales y subjetivas que experimentamos hacia alguien, caemos en un reduccionismo tan peligroso como infravalorar que ese alguien puede ser una persona junto a la que no nos convenga en absoluto estar. Decir, por ejemplo, que seguimos de pareja con un abusador simplemente porque a pesar de todo lo amamos es equivalente a decir que consumimos heroína porque, a pesar de que nos está destrozando, la amamos y nos atrae. Eso no es un acto libre de amor, sino un acto compulsivo de dependencia, pero vestido de amor y libertad para no encarar las dificultades que acarrea trabajar por el propio saneamiento.

Porque también el *amor* se confunde usualmente con dependencia y necesidad de algo o de alguien, con lo que queda rebajado a un mero deseo, capricho o adicción. Como la verdadera humildad, el auténtico amor consigue logros, pero no pretende nada, sino que es una expresión natural y espontánea del ser auténtico, cuando está suficientemente libre de adherencias contaminantes y soldados intrusos.

Incluso la misma *felicidad* se convierte a veces en extraordinariamente esquiva porque la confundimos con el placer y el bienestar, porque creemos que es una emoción (error este lamentablemente alentado por muchos psicólogos). La buscamos así en niveles superficiales de la experiencia o como resultado de obtener ciertos logros o éxitos. Esto nos lleva a elegir rutas de comportamiento equivocadas, globalmente insatisfactorias. Porque solo si separamos la *felicidad* de lo puntual y transitorio, solo si la conceptualizamos como una actitud y experiencia global de paz interior a pesar de las vicisitudes (más que como una emoción concreta), solo si se entiende que está más allá de los placeres y de los dolores concretos, de los éxitos y de los fracasos, solo entonces podemos huir de la trampa del tiempo, de los apegos, las dependencias, los resultados, las adicciones y las compulsiones que una vez más nos alejan, precisamente, de una experiencia global de satisfacción con la vida y con uno mismo.

La ausencia de sufrimiento (aunque no de dolor) y la experiencia de felicidad también están conectadas con el respeto a lo auténtico y esencial, pues requieren precisamente de la coherencia con lo profundamente interno, con los criterios esencialmente propios y, por tanto, con la profunda autoconexión y la ausencia de alejamiento y conflicto con uno mismo, con independencia de los logros y los resultados. Como ya hemos señalado, esa ausencia de conflicto interno es la paz interior que supone la mejor vacuna no contra el dolor, que es inevitable, pero sí contra el sufrimiento (que es el atasco, la profundización o incluso el regocijo en el dolor).

¿Ves la importancia de todo aquello que no nos contaron? ¿De todo aquello que no nos hemos parado a pensar? La felicidad, que bien parece el destino, el objetivo o la meta de cada uno de nuestros pasos, es un término que muchos ni siquiera se han parado cinco minuticos a investigar.

A lo largo de mi vida he preguntado a muchas personas que decían eso de «si yo solo quiero ser feliz», que a qué se referían. «¿Qué es para ti esa felicidad de la que hablas?».

Os sorprendería saber la multitud de respuestas que encontré, pero en la mayoría de las ocasiones me topé con caras de perro-muestra, con ojos abiertos como platos cual careto de WhatsApp, como «ah, pues se ha quedado buena tarde», que esquivaba dar una respuesta sincera o argumentada al respecto.

La mayoría de la gente corre despavorida buscando algo que ni siquiera sabe lo que es. ¿No es fascinante? ¿Tú qué tal llevas eso?

El chequeo ecológico o una cuestión de equilibrio

De algún modo estamos ilustrando, además, como ninguno de estos valores vive aislado de los demás. Todo en nuestra vida forma parte de un gran mundo o entramado que se conecta. También los valores que guían nuestras decisiones, nuestras creencias y los significados que damos a las cosas funcionan en red, por lo que el valor útil y adaptativo de cada elemento no puede evaluarse separado de la buena armonía y congruencia con el sistema completo. *Es por tanto fundamental que nuestros valores estén bien integrados, armonizados y equilibrados entre sí, como un gran sistema coherente. La ecología de nuestros valores* se refiere a esta necesidad de equilibrio, propia de todo sistema que forma parte de la naturaleza. También nuestra naturaleza interna, por tanto, ha de mantener un equilibrio constante entre sus distintos componentes. Si un valor, necesidad o motivación se desconecta demasiado de su equilibrio con otros, por exceso o por defecto, o debido a unas reglas de medida inadecuadas, entonces ese valor se nos vuelve globalmente en contra, pues atenta contra nuestra ecología o equilibrio natural interno. Atenta contra el conjunto y, de ese modo, en último término, acaba atentando contra sí mismo. Como resultado de una falta de equilibrio de todo el sistema de valores y necesidades al que respondemos, se da la circunstancia de que supuestas virtudes se convierten en defectos que atentan contra el todo, contra el sistema completo que cada persona es, y que a la vez se ha de integrar con otros sistemas más amplios a los que todos pertenecemos (familia, comunidad...).

Un ejemplo sencillo de esto ocurre cuando, en nombre de un valor noble como *la sinceridad*, expresamos comentarios innecesariamente dañinos, poco educados y desconsiderados con las necesidades y posibilidades de otra persona. Hay mucho desprecio y soberbia bajo el pretexto de la sinceridad, - - ˘ - ⟩ lo que viene siendo el *sincericidio*, y ello ocurre porque no se equilibra adecuadamente con otros valores como la prudencia, la empatía, el respeto y la utilidad constructiva de nuestras acciones y comentarios. Si la regla de medida de la sinceridad es decir lo que pensamos, sin más consideraciones, entonces es fácil perder de vista que podemos pensar verdaderas tonterías. Ser sincero de manera adecuada y adaptativa implica ser sincero en relación equilibrada con otros valores como los mencionados, lo cual permite la armonía y equilibrio adaptativo en el ámbito social más amplio al que pertenecemos. *Siempre que nuestros supuestos valores funcionan de manera dañina y perniciosa, es porque hemos perdido visión de conjunto y nos estamos desconectando de algo de lo que no procede desconectarse.*

También hemos hecho ya alusión, por ejemplo, a cómo el valor de la *libertad* suele estar tergiversado cuando no se asocia directamente con el valor de la responsabilidad. Sin embargo, es también usual que se utilice inadecuadamente cuando se separa del valor del *bien común* y la armonía social, porque entonces son numerosos los atropellos que pueden permitirse en nombre de la *libertad*. Nada más cierto, en este caso, que la popular sentencia de que «la libertad de una persona acaba donde empieza la de los demás». De lo contrario, en nombre del valor de la libertad podemos abusar, coaccionar y sepultar la libertad de los otros. Son acciones estas que, de hecho, muchas personas, instituciones e ideologías realizan en nombre de una falsa libertad.

Siempre me ha inquietado la idea de libertad interior, precisamente la base sobre la que hemos estado hablando a lo largo de todo el libro. Siento que si fuésemos capaces de desarrollar esa libertad interna para pensar, sentir y hacer de manera autónoma y personal, esta adquiriría de manera natural otros matices en el significado individual.

En mi caso, cuanto más libre me he ido sintiendo a lo largo de la vida en mi manera de hacer las cosas, más capaz he sido de respetar la libertad de otros. Es como si de manera espontánea, este respeto, responsabilidad, armonía social, bien común, a los que asociamos la *buena libertad*, se dieran sin un excesivo esfuerzo ni sacrificio.

Que todo empieza dentro, que una vez que nos damos el margen y la tregua precisa para averiguarnos, encontrarnos y experimentarnos, la capacidad de organizarnos como grupo formado por individuos libres internamente está más que servida.

Pero por suerte o por lo otro, eso solo podremos comprobarlo cuando en un número suficiente de personas se haya llevado a cabo dicho trabajo personal. De nada sirven (en la base y como un verdadero cambio de las formas) unas mejores leyes que regulen, por ejemplo, dónde está el límite entre la libertad de una persona y la de enfrente, si dentro de nosotros mismos ni siquiera nos damos el espacio para gestionar exactamente lo mismo dentro de nuestra propia mente. Sería equiparable a esa utopía a la que llamamos *paz mundial* y que tanto parece perseguir el ser humano en sus manifestaciones en *plazaespaña* o *callemayor*, que hasta que no se consiga la paz mental individual, ya me dirás tú qué vamos a conseguir más allá de las pancartas arrumbadas por tu casa porque no caben en el trastero cuando termina la jornada revolucionaria.

Esperamos haber dejado claro cómo los valores como el respeto, la responsabilidad, la bondad, el amor, la lealtad, etc. han de estar adecuadamente integrados, además de conectados y en un buen equilibrio dinámico con otros valores como la libertad, la autonomía, el bien común y, desde luego, el valor de *la adaptación*. Este valor natural y central de algún modo lo resume todo y es la fuerza motriz de nuestra evolución y la de todos los seres vivos. Pero este valor también puede ser entendido de manera errónea, y estar pervertido – – – –> ¡gensanta, esto es un no parar! bajo una regla de medida tendenciosa y peligrosa. Es habitual que se hable de la adaptación con un sentido reduccionista, entendido como mero conformismo y amoldamiento a nuestro entorno (de ahí la frase popular: «No es saludable adaptarse a un mundo enfermo»). Pero esta regla de medida acerca del valor de la adaptación le otorga, paradójicamente, un significado desadaptativo. *Un concepto de adaptación verdaderamente adaptativo, una regla de medida apropiada para la adaptación no puede perder de vista que también incluye la manera más o menos adecuada en que actuamos sobre nuestros entornos y los transformamos, y no meramente nuestro amoldamiento a ellos.* Es decir, el comportamiento adaptativo implica una relación duraderamente satisfactoria con nuestro entorno, y ello es bidireccional y supone una reciprocidad, pues implica tanto unos grados de acoplamiento y amoldamiento al entorno como unos grados de amoldamiento del entorno a nosotros. El exceso en una de esas dos direcciones provoca un defecto en la otra, y resultará finalmente desadaptativo y dañino para el conjunto. Un exceso de acoplamiento al entorno puede ser profundamente irrespetuoso con nuestras necesidades naturales, pero también puede serlo un exceso de rebelión o ruptura con ese entorno. Lo verdaderamente adaptativo también debe superar la visión cortoplacista, y buscar un equilibrio dinámico en nuestra relación con el medio en el que habitamos.

Parece, pues, que la cuestión siempre es el EQUILIBRIO. ¡Ains!, qué bonito palabro.

Nos pasamos la vida buscándolo, persiguiéndolo, se mete en el tuétano de todos los asuntos, relaciones, valores, psiquismo, otro día cuando nos pille con ganas y con dineros, lo mismo hacemos un libro que solo hable de eso: El equilibrio en todas sus formas: descubre la maravillosa trilogía que Pedro Jara y Dommcobb han creado en exclusiva para ti. De venta en ferreterías. ¡Viene con báscula de regalo!

En fin, basta.

Resulta muy ilustrativa en este sentido una de las pequeñas historias escritas por el psicólogo Anthony de Mello. Una de sus enseñanzas era que el cambiar, aunque fuera para bien, conllevaba siempre efectos secundarios que convenía examinar con cuidado antes de decidir el cambio: la invención de la pólvora significó una estupenda protección contra los animales salvajes, pero también dio lugar a las guerras modernas; el automóvil agilizó las comunicaciones, pero también agravó las contaminación atmosférica; la tecnología moderna salva muchas vidas, pero también suprime una serie de esfuerzos físicos, con lo que nuestros cuerpos se debilitan. Esta enseñanza era ilustrada con esta pequeña historia:

«Érase un hombre con un ombligo de oro que le ocasionaba constantes apuros, porque siempre que se bañaba era objeto de toda clase de bromas. El hombre no hacía más que pedirle a Dios que le quitara aquel ombligo. Por fin, una noche soñó que un ángel se lo "desenroscaba" y lo dejaba encima de la mesa, tras de lo cual se esfumó. Al despertar por la mañana, comprobó que el sueño había sido real: allí, sobre la mesa, estaba el brillante ombligo de oro. Entusiasmado, se levantó de un salto... ¡y el culo se le desprendió y cayó al suelo!».

Sobre la base de todas estas enseñanzas se puede entender que, cuando tomamos decisiones concretas y optamos por una determinada alternativa, es fundamental que los criterios que procuramos satisfacer con ella contemplen este equilibrio ecológico. Debemos, por tanto, tener siempre en cuenta no solo a lo que nos va a acercar, sino también todo aquello de lo que nos puede alejar. Dado que toda decisión tiene pros y contras, es preciso tomarla calibrando un equilibrio verdaderamente adaptativo en la satisfacción de todo aquello que es importante y que se ve afectado por ella. Los distintos ámbitos de nuestra vida están en relación entre ellos, nuestras distintas necesidades también. Esto se ejemplifica con mucha claridad, de forma problemática, en situaciones como esas apuestas por un progreso profesional que sacrifican de manera inconsciente y excesiva la salud, la tranquilidad o la calidad de la vida familiar. En realidad, todos los síntomas que llevan a las personas al psicólogo son expresiones de algún tipo de desequilibrio excesivo en el que se encuentran atascadas respecto a sus necesidades y valores profundos. Algunos de los valores primarios que sacrificamos constantemente son la salud y la tranquilidad.

Este equilibrio ecológico básico, se vuelve a menudo una cuestión realmente difícil de conseguir. Ello es debido a que considerar nuestros valores en su relación con otros y tener en cuenta, además, el sistema completo de nuestras necesidades cuando nos movemos por la vida, requiere una conciencia bastante amplia. *En realidad, difícilmente podemos cuidar ese equilibrio de modo natural si nuestra conciencia está agitada, si no reposa y se proyecta desde muy adentro de nosotros mismos*, desde ese punto de silencio y de quietud interior que solo se obtiene cuando existe ese nivel de autoconexión del que estamos hablando. Solo desde ese estado podemos tener una visión clara y espontánea de todo lo que es importante cuidar. Cuando nos movemos en la superficie, cuando estamos agitados y acelerados, cuando vivimos en el ruido, solo podemos acceder a visiones estrechas y parciales del mundo y de nosotros mismos.

Es fundamental que nuestros valores estén bien integrados, armonizados y equilibrados entre sí y que por tanto superen un buen *chequeo ecológico*, pues de lo contrario se vuelven más defectuosos que virtuosos. Un exceso, un defecto y unas reglas de medida inadecuadas van a resultar lesivos para el conjunto de lo que somos y de aquello a lo que pertenecemos.

Aprendiendo a reconocer qué nos guía: ¿el corazón o las tripas?

Cuando hablamos de ser auténticos, de seguir nuestros propios criterios en la vida, muchas personas lo entienden de manera simplista como dejarse llevar por el corazón, por la intuición y por lo que uno siente. Esta interpretación, *esta regla de medida para el valor de la autenticidad es realmente peligrosa, porque lo que sentimos, tal como hemos descrito hasta aquí, puede no tener que ver nada con nuestra autenticidad, sino con nuestros intrusos camuflados.* Si nos dejamos llevar por nuestros sentimientos también debemos considerar que, entre ellos, están el miedo, la vergüenza, los complejos, la culpa, la rabia, la soberbia, el ilusionismo, las dependencias, etc.

A veces, dejarse llevar por los sentimientos es exactamente lo mismo que *dejarse llevar por los demás*, esto es, por algo ajeno a vos, impuesto en vos, automático, que funciona por la fuerza de la inercia y muy lejano a lo que realmente eres. Los sentimientos, tal y como los entiende hoy en día la mayoría, están muy sobrevalorados.

Dicho en forma metafórica, cuando creemos que nos guía nuestro noble corazón, lo que nos está guiando pueden ser más bien nuestras no tan nobles tripas. Incluso la intuición, que en principio suele estar conectada con nuestras verdades más profundas, desde luego no es infalible, pues también se vicia por nuestras experiencias personales, no siempre representativas de la realidad más amplia.

Y súmale, además, la sutil manera de no responsabilizarnos de lo que hacemos, pensamos o sentimos gritando a los cuatro vientos que no somos nosotros mismos, sino la voz de la intuición que toma las riendas.

Yo... he visto cosas que vosotros no creeríais: atacar naves en llamas más allá de... No, en serio, que hay personas que con el *rollazo* de que tienen intuición, toman alegremente decisiones tildando a esta de la creadora de las mismas, echando fuera una vez más el muerto y la responsabilidad de nuestra propia existencia. Por favor, no confundir intuición con pensamientos automáticos que vienen de ultratumba a llevar el sentido de tu vida. Di amén si has entendido algo de lo que acabo de decir.

Por eso aquí estamos invitándote a que desconfíes de tus pensamientos y emociones, a que tomes en cuenta una serie de preguntas, chequeos y consideraciones que separen el grano de la paja, a que no creas que tú mismo eres necesariamente quien crees ser, y a que, cuando decides tú, te asegures del mejor modo posible de que en verdad eres tú quien decide.

El campo inconsciente de nuestra mente es enormemente mayor que nuestro campo de conciencia, pero es, precisamente por ser inconsciente, que no lo reconocemos como tal. Solo el mantener una actitud sanamente crítica y de verdadera autoescucha puede hacer que ganemos grados de conciencia, de autenticidad y de liberación. Conectar con *nuestro corazón* y ser auténticos implica penetrar en nuestras emociones, lo cual no significa, necesariamente, dejarnos llevar por ellas. - - - - - - - -> por las primeras que aparezcan.

Significa observarlas, investigarlas, escuchar qué nos quieren decir, de dónde surgen, por qué surgen, qué utilidad nos aportan. Y al estar en contacto íntimo de ese modo, en verdadera autoescucha y autoempatía, es cuando a menudo se produce la transformación, la trascendencia más allá de esos sentimientos. Es por ello que los verdaderos y mejores cambios de uno mismo se producen cuando *no* nos esforzamos en cambiar (de la manera sufrida y sacrificada en que habitualmente entendemos el esfuerzo) sino cuando aceptamos, escuchamos y nos esforzamos en entender lo que hay en nosotros.

Es como esa brillante frase que dice «la única parte que tienes que cambiar de ti es la parte que te dice que tienes algo que cambiar de ti». La frase es mía, por eso he dicho lo de brillante, claro, y añado ahora *excelsa*, que ya que escribo un libro aprovecho para ponerme unas cuantas flores.

En serio, hay algo misterioso en el hecho del *darse cuenta*, en el acto de estar con nosotros mismos cuando nos pasa lo que quiera que nos pase. La conexión con lo que nos traspasa (las emociones), la sostenida atención, observación y mirada sin juicio, ya provoca cosas. Y tú dirás: cosas, ¿qué cosas? No te las voy a decir yo, que soy una mindundi. Haz la prueba, no huyas de ti la próxima vez que estés triste, no salgas corriendo al bar más cercano cuando la incomodidad interna parezca un monstruo de ochocientas cabezas. No abras ocho cervezas la próxima vez que sientas ira cual veterano león habitante del país vasco... Permanece en ese lugar interno, quédate contigo, hazte aliado de lo que ocurre, pon a tu favor lo que sientes.

Ya nos irás contando. O lo cuentas en las redes sociales, que ahora se lleva mucho.

Es la conciencia, la comprensión y la aceptación de todas esas voces y esas fuerzas que pululan dentro de nosotros lo que permite que no nos resignemos a ellas, sino que vayamos más allá de ellas hasta que caen como fruta podrida, de manera natural e inevitable. Esto es exactamente lo opuesto al debate interno y al conflicto encarnizado que a menudo libramos con nosotros mismos para intentar cambiar, obtener tranquilidad y dejar de sufrir. Ese mismo conflicto, sin embargo, es el auténtico generador de sufrimiento y alejamiento de uno mismo. Cuando los aprendizajes fallidos, cuando el caballo de Troya que invade nuestra mente nos hace creer que nuestra autenticidad es pequeña, insuficiente y carente de valor, nos alejamos entonces de ella, renegamos de ella y nos esforzamos en ser lo que naturalmente no somos, volviéndonos locos en la búsqueda de algo que ya teníamos pero que se encuentra muy tapado en nuestro interior. *El miedo central del ser humano es el temor a que nuestra autenticidad no sea suficiente para sentirnos bien, para sentirnos valiosos, queridos y queribles. Entonces nos alejamos de nuestra autenticidad hacia lo que se supone que deberíamos ser.* El resultado es que a quien los demás quieren y valoran, en todo caso, ya no es a nosotros mismos sino a la máscara que hemos creado. Y como en el fondo de algún modo somos conscientes de ello, no puede satisfacernos. Los círculos viciosos no cesan en el ámbito de la mente humana y de las relaciones.

Dado que es fácil confundir nuestra autenticidad con nuestras máscaras, el *corazón* con las *tripas*, resulta importante desconfiar de lo que nos piden nuestros impulsos y sentimientos, escucharlos bien, comprenderlos y tal vez trascenderlos. Es entonces cuando ocurren nuestros mejores cambios como un proceso de liberación y desaprendizaje, en ese esfuerzo por entrar más en nosotros mismos y conocer todo lo que contenemos.

Palabras finales: paradojas

Llegamos aquí al final de nuestro recorrido. A lo largo de este libro nos hemos esforzado en conseguir hacer la exposición lo más amena posible, pero, acorde con nuestro propio reclamo de un buen *chequeo ecológico*, también nos hemos esforzado para no caer en un mensaje simplista, reduccionista y, de ese modo, inútil. Esperamos, así, haber logrado un adecuado equilibrio entre sencillez y rigor, como esperamos haber conseguido que el lector se sienta atraído por equilibrar su búsqueda de entretenimiento con la búsqueda de verdadero aprendizaje.

Somos conscientes de que en algunos aspectos podemos haber transmitido una sensación paradójica, pues hemos sido bastante contundentes en proponer algunas pautas y prohibiciones para potenciar la libertad y autenticidad del lector. Durante todo el libro hemos sido bastante directivos para

guiarte a que no te dejes dirigir. Esto no es en absoluto una contradicción, sino la forma más eficiente que conocemos de ayudarte a ser tú mismo.

Hemos sido muy directivos en pedirte que apartes determinados obstáculos, porque sabemos que esos obstáculos están bloqueando la que sea que puedas identificar como tu propia dirección. A lo largo del texto hemos hecho referencia, del mismo modo, a cómo el buen sentido de la dependencia paternofilial es construir la autonomía de los hijos, o al carácter constructivo y no limitante de las prohibiciones sugeridas. En realidad, el sentido de cualquier técnica o pauta de transformación personal bien aplicada es que llegue a convertirse en innecesaria, de modo que su efecto y su esencia se integren en la persona hasta el punto de que la técnica en sí pueda ser abandonada. Eso requiere paciencia y constancia.

Esta paradoja fue muy adecuadamente descrita por el psicólogo *Anthony de Mello* en otro de sus pequeños cuentos, digno de ser siempre recordado:

«El maestro le dijo a su discípulo:

—Tan solo eres discípulo porque tus ojos están cerrados. El día en que los abras verás que no hay nada que puedas aprender de mí ni de ningún otro.

—Entonces ¿para que necesito un maestro?

—Para que llegues a comprender la inutilidad de tenerlo».

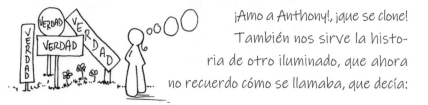

¡Amo a Anthony!, ¡que se clone! También nos sirve la historia de otro iluminado, que ahora no recuerdo cómo se llamaba, que decía:

«El dolor es imprescindible para comprender que el dolor es innecesario». Más o menos lo mismo.

Pasa por todos los recovecos de la vida, por las curvas y esquinas y habitaciones oscuras que llevas dentro, asómate a los pasillos llenos de sombras mientras sobrevives como un aventurero en cualquier videojuego. Tal vez la vida solo sea para eso, para conocerte, descubrirte y crearte.

Nosotros solo aparecemos, con este libro, al inicio de la cueva (tu propia historia y experiencia) como dos viandantes que ya se adentraron en pasadizos similares y conocieron dónde están algunos de los interruptores que prenderán la luz adecuada para continuar por el sendero de tus adentros. Solo eso y nada más. Si no te gusta nuestra experiencia ni encaja contigo ni te sirve absolutamente para nada, siempre puedes saltar a la comba a pata coja, hacer el pino con las orejas, dar saltos de ombligo en ombligo o, cómo no, encontrar tus propios trucos, malabares, cuentos, sueños, formas y leyendas personales para esto del vivir.

Al fin y al cabo, quizá solo hay una verdad absoluta, a saber, que *todas las verdades son relativas*.

Y además cohabitan todas en el mismo planeta.